石家庄学院博士科研启动基金资助项目
河北省一流本科专业建设资助项目

高质量教育发展背景下的教师教育者专业成长研究

GAOZHILIANG JIAOYU FAZHAN BEIJING XIA DE JIAOSHI JIAOYUZHE ZHUANYE CHENGZHANG YANJIU

郑爽 ◎ 著

河北大学出版社
·保定·

高质量教育发展背景下的教师教育者专业成长研究

出 版 人：朱文富
责任编辑：田　阳
装帧设计：杨艳霞
责任校对：蔡文涛
责任印制：常　凯

图书在版编目（CIP）数据

高质量教育发展背景下的教师教育者专业成长研究 / 郑爽著．-- 保定 ：河北大学出版社，2022.12
ISBN 978-7-5666-2171-9

Ⅰ．①高… Ⅱ．①郑… Ⅲ．①师资培养－研究 Ⅳ．① G451.2

中国国家版本馆 CIP 数据核字（2023）第 010529 号

出版发行：河北大学出版社
地址：河北省保定市七一东路 2666 号　邮编：071000
电话：0312-5073019　0312-5073029
邮箱：hbdxcbs818@163.com　网址：www.hbdxcbs.com
经　　销：全国新华书店
印　　刷：涿州市般润文化传播有限公司
幅面尺寸：170 mm × 240 mm
印　　张：17
字　　数：210 千字
版　　次：2022 年 12 月第 1 版
印　　次：2022 年 12 月第 1 次印刷
书　　号：ISBN 978-7-5666-2171-9
定　　价：68.00 元

前　言

教育是国之大计，党之大计。教师是教育发展的第一资源。如今，我们已迈入中国特色社会主义新时代，开启全面建设社会主义现代化国家新征程。在奋力走好新时代的长征路，实现中华民族伟大复兴的征程上，需要有高质量教育的发展。高质量教育发展秉承新发展理念，坚持立德树人，担负着培育德智体美劳全面发展的时代新人使命，高质量的教育需要高质量的教师教育。

高质量的教师教育需要高质量的教师教育者，他们作为从事教师教育工作的专业人员，作为教师教育系统的重要组成部分，肩负多重角色和艰巨使命，既是教师教育发展之本，又是教师教育质量的“守门人”。加强教师教育者师资队伍建设，是《中共中央国务院关于全面深化新时代教师队伍建设改革的意见》和《教师教育振兴行动计划（2018—2022 年）》等提出的重要任务之一。一定意义上说，教师教育者的成长事关教师教育事业发展的兴衰成败。改革开放 40 多年来，我国教师教育取得了卓越的成就，为教师教育者的发展奠定了坚实的基础。

《中国教育现代化 2035》明确提出：“到 2035 年，总体实现教育现代化，迈入教育强国行列，推动我国成为学习大国、人力资源强国和人才强国，为到本世纪中叶建成富强民主文明和谐美丽的社会主义现代化国家奠定坚实基础。”确定主要发展目标是“建成服务全民终身学习的现代教育体系……”①，并将“建设高素质专业化创新型教师队伍”作为十大战略任务之一。这对教师教育者队伍的高质量发展提出了更高要求。同时，伴随国内国际复杂的教师教育发展背景，我们亟需关切教师教育者群体的专业化成长，优化他们的专业成长路径。在诸多发展路径中，本书倡导教师教育者深入推进自我研究，通过挖掘和激发教师教育者成长的内部动力，促进他们成长为中国特色教师教育者，并实现一体化发展。

中国特色教师教育者一体化发展是指教师教育者作为专业人员，在新发展理念、终身教育思想和教师专业发展理论指导下，为适应发展中国特色、世界水平的现代教育理想需求而构建的职前教育、入职教育和在职教育相互衔接、相互支持、又各有侧重的发展体系，是教师教育者在专业理想、专业知识、专业能力、专业自我等方面全程性、渐进式、一体化的发展过程。这将有利于推进我国高素质专业化创新型教师队伍建设，有利于适应新时代人民日益增长的高质量教育需要的客观要求，有利于满足教育现代化、夯实教育强国建设之基的时代要求，有利于迎接国际教育竞争和创新型国家发展的需要，有利于实现教师教育者个体和群体的发展价值。中国特色教师教育者一体化发展包括职前教育、入职教育和在职教育三个阶段。促进中国特色教师教育者一体化发展需要多措并举，并不断完善中国特色教师教育者发展的支持体系。

---

① 朱益明，王瑞德，等：《中国教育现代化 2035：从规划到实践》，上海教育出版社，2020 年，第 9 页。

本书集中探讨了新时代高质量教育发展背景下教师教育者的专业成长，力求开启教师教育研究新视域，带动促进探索新型教师教育的理论和实践，倡导教师教育者将自我研究作为一种态度、品质和生活方式，适应学习化社会需求和教师专业化发展需要，在立足实践和对话合作的基础上满怀激情地谋求自身的可持续发展，成为自主发展的双师型教师教育者，并带动和促进师范生与在职教师转变对教师职业的认知，追求幸福、完满的教师生活。

在高质量教育发展背景下的中国特色教师教育体系建设任重道远，中国特色教师教育者一体化发展道阻且长，笔者诚邀更多志同道合者一起探索。

本书为河北省高等教育教学改革研究与实践项目（2019GJJG528）、石家庄市属高校教育科学研究项目（20191032）和石家庄学院专业认证专项教学改革研究与实践项目阶段性成果（ZXJG—202006）。

目　录

第一章　高质量教育发展背景下教师教育者及其专业成长概览

第一节　高质量教育发展

一、高质量教育

教育千秋伟业，育人万世丰功。科技进步日新月异，知识经济方兴未艾，国际竞争日趋激烈，面对前所未有的挑战和重大战略机遇，我国坚定不移地坚持把教育摆在优先发展的战略地位，实施“科教兴国”和“人才强国”战略。尤其是党的十八大以来，以习近平同志为核心的党中央放眼世界百年未有之大变局和中华民族伟大复兴战略全局，高度重视教育在国家发展、民族复兴、人民幸福总体战略中的基础性、全局性、先导性作用。党的十九届五中全会提出“建设高质量教育体系”。2021 年 3 月发布的《中华人民共和国国民经济和社会发展第十四个五年规划和 2035 年远景目标纲要》也明确提出“建设高质量教育体系”的目标及任务。这充分表明，建设高质量教育体系已经成为“十四五”到2035年这一时期我国教育事业改革发展的重大目标，要以高质量教育体系实现教育自身发展和满足经济社会发展及人的发展的需要。

什么是高质量教育？学者范国睿认为，高质量教育的视野与内涵应远远超越学业成绩的范畴，可从三个维度理解。①

第一，从伦理与价值的维度讲。首先，高质量教育是公共教育，具有公共性，指所有儿童都有权利接受公共教育，不仅要满足全体儿童基本的、共同的教育需求，还需要尊重并尽可能满足每一个儿童的个性化教育需求。其次，高质量教育是公平的教育，指全体人员接受教育，接受同样高质量的教育。再次，高质量教育是以人为本的教育，要逐步回归教育顺应人的天性、涵养心智、促进人的身心发展、提升人的综合素养的“育人”功能。

第二，从教育本体或教育专业的维度讲。首先，高质量教育体系是一个健康的教育生态系统。教育系统诸要素的各级各类教育自身健康发展，彼此关系互洽，整个教育系统与社会协调发展。其次，高质量教育是全面发展的教育。注重各门学科的均衡发展和个人素养的均衡、全面、综合发展，以及人的发展与社会发展的协调和统一。再次，高质量教育是创新的教育。其强调知识接受和学习过程中的有意义学习，更加注重学生的发现学习和研究性学习，注重通过开展与学习内容以及学生的认知发展规律相契合的不同形式创新性学习与实践活动来学习。

第三，从教育技术创新的维度讲，高质量教育是基于智能技术的教育。要加快新型基础设施建设，加快推进智能设施设备教育应用的

---

① 邬志辉，范国睿，李立国，等：《教育高质量发展笔谈》，《清华大学教育研究》，2022年第2期，第24—39页。

软件与教育应用情境开发，加大数字化教育资源开发与资源库建设，以智能技术全面赋能教与学的过程，使泛在学习、线上线下混合学习、自适应学习、沉浸式情景学习、深度学习等适应数字化转型的学习方式逐步成为常态性学习，建构基于智能技术的教育生态。

学者褚宏启认为，教育的高质量发展对国家和个人的发展都有高质量的贡献。教育要为建设富强、民主、文明、和谐、美丽的社会主义现代化国家做出高质量贡献，要为培养具有科学理性精神、民主法治精神、创新创业精神的现代人做出高质量的贡献。高质量的教育体现为高质量的结果、高质量的课程、高质量的教法、高质量的评价、高质量的教师队伍、高质量的管理与治理。①

综上，本书认为，高质量教育是立足我国新发展阶段，贯彻新发展理念，为适应构建新发展格局，建设中国特色社会主义现代化国家，培养德智体美劳全面发展的建设者和接班人而开展的全面的、系统的、高标准的教育。

二、高质量教育发展的特点

高质量教育发展根植于我国新时代发展之境，建立于国内外教育发展之基，服务于新时代人与社会快速高效的发展之需，其特点体现在以下方面。

一是明确的方向性。高质量教育坚持立德树人，培养德智体美劳全面发展的时代新人，充分回答了培养什么人、怎样培养人、为谁培养人等这些教育的根本问题。

二是突出的系统性。高质量教育表现为“纵向有衔接，横向有沟

---

① 参见褚宏启：《“双减”要与教育高质量发展同向同行》，《中小学管理》，2022年第1期，第61—62页。

通，近处有弹性的立体化特征”①。健全学校家庭社会协同育人机制，提升教师教书育人的能力素质，增强学生文明素养、社会责任意识、实践本领，重视青少年身体素质和心理健康教育。

三是普及的适合性。高质量教育适合每一个人发展的每一个阶段的需求，是面向终身的教育，可促进各级各类教育协调发展，完善终身学习体系，建设学习型社会。

四是巨大的服务性。高质量教育表现在教育要更好地服务社会的经济发展，孵化人力资本，推进知识创新和调节社会进步，并坚持教育公益性原则，深化教育改革，促进教育公平。

五是广泛的开放性。我国教育既面向国内，又放眼国际，彰显了中国教育质量自信。王传毅、石中英等认为，高质量教育发展及体系建设，要在以下六个方面持续发力：一是完善德智体美劳五育并举的育人体系；二是夯实服务国家急需的人才供给体系；三是建立大中小衔接、普职融通的国家资历框架体系；四是构建优质资源共享共用的教育生态体系；五是健全学校家庭社会协同育人体系；六是加快建设现代教育治理体系。②

高质量教育发展是历史必然和大势所趋，其关键在于教师队伍建设。如在2021年全国“两会”上，习近平总书记明确指出：“教师是教育工作的中坚力量。有高质量的教师，才会有高质量的教育。”建设高质量教育体系，必须以高质量教师队伍建设为支撑，而建设一支高质量教师队伍，又必须以高质量教师教育体系建设为支撑，高质量教师教育体系建设则要以高质量教师教育者队伍建设为支撑。

---

① 高宝立：《服务新发展格局建设高质量教育体系》，《中国人民大学教育学刊》，2021年第2期，第8—13页。

② 参见邬志辉，范国睿，李立国，等：《教育高质量发展笔谈》，《清华大学教育研究》，2022年第2期，第24—39页。

第二节 教师教育者与其专业成长概述

建设教育强国是中华民族伟大复兴的基础工程。强国必先强师。高质量的教育需要高质量的教师，高质量的教师需要高质量的教师教育者。教师教育者的成长发展得益于伟大的历史和崭新的时代。改革开放以来，我国教师教育发展取得了辉煌的成就，同时也存在诸多问题，基于时代境遇，科学谋划中国特色高质量教师教育者队伍发展，是影响教育强国建设和教育现代化目标顺利完成的重大问题。

一、教师教育者概述

（一）教师教育者的内涵①

关于如何界定教师教育者的内涵，目前学术界的意见并不一致。主流的看法有两种。一种观点认为，凡是承担师范生教学或实习任务的教师都可称为教师教育者。如学者鲍勃·考斯特（Bob Koster）认为，教师教育者就是“为未来教师提供教学、引导或实质性帮助，使其不断成长为胜任教师工作的人”②，这一定义几乎涉及了所有参与师范生培养工作的教师。另一种观点认为，教师教育者仅指为教师讲授教育教学理论，培养其教学和研究能力的专业教师。如南京师范大学李学农教授认为：“教师教育者是专注于教学和研究教师之为教师的专业素质发展的人，是教师专业发展的引领者或导师。”③ 这一定义突

① 部分内容来自郑爽，胡凤阳，张立满：《论教师教育者及其专业发展》，《石家庄学院学报》，2012 年第 2 期，第 93—97 页。

② KOSTER B，BREKELMANS M，KORTHAGEN F，et al. *Quality Requirements for Teacher Educators*. *Teaching and Teacher Education*：*An International Journal of Research and Studies*. 2005，21(2)：157—176.

③ 李学农：《论教师教育者》，《当代教师教育》，2008 年第 1 期，第 47—50 页。

出了教育专业知识在教师教育中的地位。

尽管学术界对“教师教育者”的内涵界定不一，但仔细梳理各家观点却也有以下几点共识。

1. 教师教育者是专门从事教师教育工作的人

这体现了教师教育者工作的专业性。伴随教师教育专业化的呼声日高，负责教师专业化的教师教育者也应当实现专业化，即他们以教师培养为专职，这就需要将教师教育作为一门专业，教师教育者专门从事其中教师专业化发展活动，发挥教学和研究教师教育的专门职能，成为教师专业成长的重要“引路人”，发挥不可替代的作用。借此也可以明确教师教育者的身份和专业地位，提升其责任感、使命感。

2. 教师教育者是帮助师范生实现正式社会化的人

这指明了教师教育者职业的目的和任务。正式社会化是指帮助个体成为社会所期待的那样的人。师范生的正式社会化是指将师范生培养成为社会所期待的那样的人——合格的教师。由于合格教师的建构是终身的，所以正式社会化的过程也就包含职前教育、入职教育和在职教育阶段，即实现教师教育一体化。由于篇幅所限，本书仅涉及负责职前教师教育阶段的教师教育者。

3. 教师教育者是教师教育实践者和教师教育研究者的统一

教师教育工作首先是一项实践活动，所以教师教育者首先应成为实践者，通过向师范生传授“教教学”的知识，培养其未来职业发展所需的能力、信念与感情，并通过自身实践成为师范生教学的榜样。同时，教师教育又是一项复杂的、极具艺术性的工作，教师教育者还要成为教师教育的研究者，在开展教学实践的同时充分利用各种资源展开对教师教育的研究。教师教育者是实践者和研究者的统一，二者不可偏废。单独强调教师教育者作为实践者，容易导致技术主义的教师教育观，即把教师教育者看作传授教育教学知识的“技术工人”；单纯强调教师教育者作为研究者，又容易使教师教育者脱离教师教育实践，成为书斋式的学者。只有将二者统一，才能彰显教师教育工作者的生命力和专业价值，才能体现研究型或者反思性教师教育观。

（二）教师教育者的劳动特点

科学把握教师教育者的劳动特点，对于教师教育者加强自身理解、实现身份认同、体悟自身价值等具有重大意义。教师教育者的劳动具有以下几个特点。

1. 劳动任务的基础性和艰巨性

国运兴衰，系于教育；教育繁荣，教师为本。这充分显示了教师教育者劳动任务的基础性。教师教育者就是要为培养未来教师播种专业知识的种子，培养准教师们未来职业发展所需的专业能力、专业精神和专业情感。同时，我国教师教育者承担着世界上规模最大的教师教育任务，在教育发展中发挥着举足轻重的作用。

2. 劳动对象的成人性和期待性

教师教育者的劳动对象是师范生，同中小学教师的劳动对象（中小学生）相比，教师教育者的劳动对象已经属于成人。成人的特点是自我意识基本形成、价值观念相对稳定，和未成年学生相比，成年学生接受教育影响的难度增大，教育的可塑性变小。然而，他们对教师教育却有着强烈的期待，期待学习如何当好一名教师。他们在尚未接受教师教育之前，都有过做学生或者做老师的经历，对教学都有过或成功或失败的直观体验，这就使得他们在入学后对教师教育的期待性加强，期待能够遇到一位好的老师，给他们做出“为人师”的表率和示范。

教育对象的成人性和期待性构成了一对矛盾：成人性说明其不易被改变，而期待性又要求其必须改变，这一矛盾集中体现在劳动对象——师范生或进修生身上。解决这一矛盾的唯一途径就是提高教师教育者的教学水平，通过优质的教学把不易改造的对象“改造”成其所“期待”的对象。

3. 劳动过程的复杂性和创造性

教师教育者的劳动过程是复杂的。教师的培养过程包括“教教学”和“学教学”两个过程，“教教学”的过程要求教师教育者不仅将外显的如何教学的知识教给学生，更主要的是将关于教学的内隐知识进行外化，让学生感同身受；“学教学”的过程则要求未来教师对这些只可意会无法言传的内隐知识或“默会知识”进行理解、领会并能够在中小学教学中运用。这两个过程既相互独立又相生相依，既是师生教学智慧、能力、情感等和谐互动的过程又是科学性和艺术性相互统一的过程，这一过程是复杂的、困难的。

同时，教师教育者的劳动过程是极具创造性的。与中小学教师不同的是，教师教育者不但要传授已有知识，还要创造新知识。为此，教师教育者要将科学研究引入教学过程中来，以教学者和研究者的双重身份对自身教学的实践情境展开研究。同时，要把学生带到研究中来，通过对学生在研究性实验、毕业论文、社会调查等方面的指导，培养其创新思维，提高其发现、分析和解决问题的能力。

4. 劳动方式的师范性和示范性

教师教育者的劳动方式是师范性和示范性的统一。一方面，教师教育活动旨在培养未来的教师，教师教育者的劳动方式具有师范性。另一方面，因为教师教育的对象不是普通学生，而是未来登台授课的教师，所以教师教育者的言行对于学生来讲，具有明显的示范作用。

教师教育者在教学过程中所体现出来的教学能力、教学方法、教学态度、教学艺术等会对学生产生很大影响，学生往往会把教师作为自己未来教学的榜样。诸多研究表明，“对于新任教师而言，其学生阶段所学知识对教学的影响十分有限，他们更多是按照自己被教的方式进行教学”①。

为此，教师教育者要具有渊博的学识、高超的技艺和良好的师德，不仅要加强“示范”的意识，更要提升“示范”的能力，言传身教，率先垂范，从而使学生“亲其师”而“信其道”。

5. 劳动价值的潜在性和长效性

“十年树木，百年树人。”教师的劳动具有长效性和滞后性的特点，教师教育者的劳动更是如此。他们通过自己的劳动，帮助学生实现个体的社会化，使其成人、成才、成为社会所需之人，这一过程是漫长而艰辛的。同时，教师教育者的劳动价值不能立竿见影，是潜在的、长效的，这需要学生走上教育教学工作岗位若干年后才能体现出来。基于这种长效性和滞后性的特点，有学者认为，教师教育应具有“超超前性”② 的特点，要采取“特别面向未来”③ 的政策，在教师培养上，教师教育者应高瞻远瞩，积极谋划、预先培养，用自己的实践特别体现这种“超超前性”，让教师教育充分地为基础教育和社会发展奠基。

（三）教师教育者的角色及身份认同

对教师教育者角色及身份认同的认识有助于我们全面理解教师教

---

① LUNENBERGM, KORTHAGEN, et al. *TheTeacher Educator as a Role Model. Teaching and Teacher Education*, 2007,(5):586—601.

② 谢安邦：《论师范教育的特性》，《高等师范教育研究》，1994 年第 2 期，第 16—24 页。

③ 尹弘飚，操太圣：《课程改革中教师的身份认同——制度变迁与自我重构》，《教育发展研究》，2008 年第 2 期，第 35—40 页。

育者的地位和作用。国内外诸多研究者从教师教育者功能的角度探讨了教师教育者的多元角色，有的明确将教师教育者视为教师专业发展的导师①，视为给准教师在教学实践过程中提供指导与帮助的人员②。汉密尔顿、瑞真斯潘（Hamilton & Regenspan）认为，教师教育者需要处理复杂的双重角色：一是准教师学教学的支持者和引导者；二是准教师学教学的榜样或示范者。③ 更多的学者认为，教师教育者具有多元角色。有些学者提出“三角色说”，如张燕镜将教师教育者视为师范生“学习教育”活动的直接引导者、启迪者和培育者④。除此之外，有的学者认为，其是“示范者”“教导与指导者”和“研究者”⑤；有的学者认为，其是“示范者、激发者、联络者”⑥；还有的学者认为，其是教师教育知识的生产者、教师专业发展的引领者以及教师教育文化的推动者⑦，或者是教师专业发展的指导者、教育知识的生产者、教育文化的推广者⑧。另有学者梳理分析了西方学者研究文献后认为，高校教师教育者需要承担起课程开发者、环境创建者、共同体联络者的三维角色，并且每一维度的角色均需要相对应的能力结构予

① 参见李学农：《论教师教育者》，《当代教师教育》，2008年第1期，第47—50页。

② 参见杨秀玉，孙启林：《教师的教师：西方的教师教育者研究》，《外国教育研究》，2007年第10期，第6—11页。

③ 参见 SMITH K. *Teacher Educators' Expertise: What Do Novice Teachers and Teacher Educators Say? Teaching and Teacher Education*, 2005,21(2):177—192.

④ 参见张燕镜：《师范教育学》，福建教育出版社，1995年，第193—195页

⑤ 参见杨跃，匡曼玉：《论教师教育者的核心专业素养及其培育》，《现代教育管理》，2020年第1期：85—91页。

⑥ 王加强：《教师教育者的多元角色分析——基于教师专业发展视角》，《当代教育科学》，2011（23）：45—49页。

⑦ 参见康晓伟：《教师教育者：内涵、身份认同及其角色研究》，《教师教育研究》，2012年第1期，第13—17页。

⑧ 参见王思蓉：《教师教育者专业发展的新探究——专业标准引发的专业发展》，《青年文学家》，2013年第10期，第80页。

以支撑①。除“三角色说”外，还有“四角色说”，如学者斯文奈恩(Swennen)等深入分析了25个关于高校教师教育者的研究后认为，高校教师教育者有四种角色，即教师、高等教育中的教师、教师的教师和研究人员，并强调从教师过渡到“教师的教师”以及研究人员是成为一名教师教育者的关键②。“五角色说”，如李芒等认为，教师教育者扮演五个职业角色——教师的教师、研究者、指导者、守门人和课程开发者，并深入阐述了教师教育者的职业行为及职业发展特征，提出了教师教育者职业发展的具体策略。③“更多角色说”，如伦恩伯格等提出，教师教育者具有“教师的教师、研究者、指导者、课程开发人员、守门人、经纪人”六个角色④。荷兰学者考斯特等人基于教师教育者所承担的八个一般功能，推断教师教育者的角色身份包含：准教师学习过程的促进者、教师反思技能的激励者、新课程的设计者、准教师能否进入教师职业的守门员、教育研究者、中小学教师专业发展的激发者、帮助准教师成为团队一员的引导者、沟通外部社会关系的合作者。⑤综上诸多说法，尽管仁者见仁智者见智，但总体而言，高校教师教育者的基本专业角色包括高校教师、教育研究者、未

① 参见赵英，黄娟：《论高校教师教育者的三维角色及其能力结构》，《教育学术月刊》，2018年第4期，第77—85页。

② 参见 LUNENBERG M, DENGERINK G, KORTHAGEN F. *The Professional Teacher Educator: Roles, Behavior, and Professional Development of Teacher Educators*. Boston: Sense Publishers, 2014.

③ 李芒，李岩：《教师教育者五大角色探析》，《教师教育研究》，2016年第4期，第14—19页。

④ LUNENBERG M, DENGERINK G, KORTHAGEN F. *The Professional Teacher Educator: Roles, Behavior, and Professional Development of Teacher Educators*. Boston: Sense Publishers, 2014: 19—21.

⑤ 参见 SMITH K. *Teacher Educators' Expertise: What Do Novice Teachers and Teacher Educators Say?* Teaching and Teacher Education, 2005, 21(2): 177—192.

来教师的教育者。

在此还需明确，教师教育者的专业角色来自对职位或工作环境的期望，反映“教师教育者应该是谁”，而教师教育者的专业身份彰显个人对职业的理解，反映教师教育者对“我是谁”的理性思考。教师教育者不仅要明确自身角色，更应不断提升教师教育者的身份认同，它们将深刻影响教师教育者专业发展的主体性，促进明确专业发展目标，提升发展动力，并将成为教师教育改革的崭新力量。教师教育者的身份认同是指“教师教育者自身了解并赞同社会对于教师教育者角色的期待与规定，并愿意为达到这些期望和规定而付出一定努力，同时在实践的过程中不断建构自身对于教师教育者的认识，逐渐形成对于这一身份的情感归属”①。教师教育者的身份认同具有哪些特征，是个怎样的过程？实现教师教育者的身份认同受哪些因素制约？李芳等认为，教师教育者身份认同是一个动态、持续、互动的复杂过程，教师教育者身份认同需经过自我认同、社会认同、职业认同三个循环往复的阶段，周而复始，逐步形成并巩固教师教育者身份。② 学者刘径言认为，教师教育者身份认同的内在特征体现为：责任认同是身份认同的核心；职业认同是身份认同的前提；学科认同是身份认同的基础；组织认同是身份认同的保障。随着时间和空间的变化，教师教育者的身份可能也会被不断重塑。刘径言分析了教师教育者身份认同的外在制约包含：教师教育大学化对师范性的弱化、教师教育组织变革归属不清、教师教育学科制度不完善、教师教育者资质标准缺失。③

① 李静郧：《对我国教师教育者身份认同研究现状的述评——基于 Gee 的身份理论》，《当代教育科学》，2017 年第 7 期，第 28—31 页。

② 李芳，闫建璋：《高校教师教育者身份认同探析》，《高教论坛》，2021 年第 10 期，第 97—102 页。

③ 参见刘径言：《教师教育者的身份遮蔽、认同与建构研究》，《教育科学研究》，2020 年第 4 期，第 93—96 页。

教师教育者面临复杂的教育环境，肩负神圣的教育使命，要适应教师教育专业化的现实需要，不断扩展和完善专业角色，促进高校教师教育者的角色转变，“从课程实施者转变为课程开发者，从环境利用者转变为环境创建者，从孤立的工作者转变为共同体的联络者”①，从而获得更加持续和高质量的发展。

二、教师教育者的专业成长概述

（一）教师教育者专业成长的内涵

教师教育者的专业成长是指教师教育者学会教学和育人，不断习得与其作为个体和群体教师教育专业人员相关的角色期望和规范的社会化过程，体现为教师教育者作为专业人员，从专业思想到专业知识、专业能力、专业心理品质等方面不断走向成熟的变化过程。伴随教师专业发展的备受关注，教师教育者的专业成长也日渐得到重视，正在经历从被忽视到逐渐被关注，从关注教师教育者群体发展到教师教育者的个体发展，从关注教师教育者发展的“外在”环境到关注教师教育者“内在”专业素养提升的演变。教师教育者的专业成长最终体现为教师教育者个体的专业发展，彰显教师教育者个体对专业化发展的追求，促进其在专业生活过程中不断丰富和完善专业结构。

（二）教师教育者专业成长的时空

从时间上看，教师教育者的专业成长贯穿于教师教育者职业生涯的始终，包括职前培养、入职教育和在职培训各个阶段，是一个持续社会化和个性化的过程，也是终身学习的过程。

从空间上看，教师教育者专业成长的空间，既立足于大学课堂和

① 朱旭东，等：《中国教育改革开放 40 年：教师教育卷》，北京师范大学出版社，2019 年，第 441—445 页。

校园，又延伸至大学课堂之外和校外。教师教育者是教师的教师，肩负提升教师教育和教师质量、促进社会公正等神圣使命，其诸多角色赋予的任务更是要求教师教育者不断成长。大学课堂和校园，作为教师教育工作的主阵地，必须始终成为教师教育者专业成长的核心场域。此外，《中共中央国务院关于全面深化新时代教师队伍建设改革的意见》《教师教育振兴行动计划（2018—2022 年）》等教师教育队伍建设政策也明确强调了加强师资队伍建设的重要性，其中“建立教师教育师资共同体”的要求为教师教育者扩大课外和校外的成长空间提供了政策保障。20 世纪 80 年代以来，国际、国内教师教育者与广大中小学广泛深入的合作需求与经验，师范专业认证等要求也充分展示了教师教育者扩大成长空间的必要性和可行性，并对促进教师教育者的可持续发展提供了宝贵借鉴。

“志同道合的共同体在教育改革中是至关重要的。”① 教师教育者共同体内涵丰富，是精神共同体、治理共同体和发展共同体。② 他们结成实践共同体，以“实践”为基础和核心，以“发展”为方向，以“互惠”为目标，③ 拥有共同的愿景，相互支持，遵守共同的规则，从而实现共同的发展。这种实践既包含基于高校教师教育课程与教学实践，如高校教师教育者与一线兼职教师共同上课、指导论文等，也包含扎根于中小学校的教育见习、教育实习、教育研习及教育教学实践、研究等。他们必须共同对话、协商、合作、探究，在实践中不断积累经验，不断实现角色转换和发展，逐步建立合作信任的实践共同

① ［美］帕克·帕尔默，等：《教学勇气：漫步教师心灵（十周年纪念版）》，吴国珍等译，华东师范大学出版社，2014 年，第 166 页。

② 参见岳建军：《教师教育者共同体构建研究》，中国社会科学出版社，2021 年，第 113—117 页。

③ 参见马笑岩，高彩芬：《实践共同体：教师教育者与中小学教师互惠发展实现路径研究》，《教育导刊》，2021 年第 9 期，第 82—87 页。

体，达成理解和共识，进而实现教师教育者和中小学教师互利互惠，共同成长。

（三）教师教育者专业成长的内容

从内容上看，教师教育者专业成长包括以下几个方面。

1. 坚定专业理想信念，坚守教师教育者精神追求

专业理想信念指教师教育者对教师教育专业发展状态的预设与期待，对未来美好专业图景的构想与展望，是在教师教育工作体悟中形成的关于教师教育本质、目的、价值和生活等的理想与信念。专业理想信念是教师教育者发展的精神动力，是教师教育者专业素质的核心和灵魂，拥有崇高的专业理想信念是教师教育者成长的关键。教师教育者坚定崇高的专业理想信念表现为：忠诚党的教育事业，坚守精神追求，把思想政治和师德师风建设放在首要位置，围绕落实立德树人根本任务，增强“四个意识”、坚定“四个自信”、做到“两个维护”，坚持“四个相统一”，争做“四有”好老师，当好“四个引路人”，助力实现中华民族伟大复兴的中国梦。重视全方位全过程师德养成，以德施教、以德立身，履行为党育人、为国育才的神圣使命。同时，教师教育者要具有以己为范，为人师表，孜孜以求、热爱学生、诲人不倦，独立自主、不断创新等专业品质，养成一种专业精神。这种专业精神是教师教育的灵魂①，具体表现在两个方面：一是表现在教师教育者对教学工作的态度上，不仅要教好学生，更要对教师教育者职业的方法和材料感兴趣，从而实现教师教育者的持续成长；二是认识到对一般公众的责任感，教师教育者要作为社会的领导者和指导者，承担起公众观念中的责任。这需要外界赋予教师教育者更多的专业自主

① 转引自于书娟：《试论杜威的教师教育思想》，《教师教育研究》，2007年第6期，第57—61页。

权，以促进他们养成专业精神，并且潜移默化地帮助和影响师范生树立专业信念体系和敬业精神，引导和带动广大师范生树立和坚持正确的国家观、历史观、民族观、文化观、宗教观、教育观、学生观等。

2. 拓展专业知识，夯实教师教育知识基础

学者兹南尼基（Znaniecki）认为："每个人无论承担何种社会角色都必须具备正常担任该角色必不可少的知识。"① 专业知识是帮助教师教育者个体和专业共同体获得支撑和促进其专业实践所必需的基础知识。加拿大教育学研究者范梅南（Van Manen）认为，它们主要是让教与学的知识变得更清楚明白的实践知识，并将此称作教师的非认知性知识。非认知性知识以非条理性知识的认识论为基础，包含四类知识：存在于行动中如课堂教学行为中的知识；透过教师肢体语言和隐含的信息所传达出来的知识；教师工作的环境中存在的知识；教师与他人合作与交流关系中所反映出的知识。② 荷兰学者考斯特与丹哲瑞克（Koster & Dengerink）认为，教师教育者不仅要在自己执教的学科领域有着丰富的并且具有延展性的知识，而且要在相关领域，如教育学、教法论、心理学等方面有着广泛的知识。此外，还要具备关于儿童及成年学习者的相关知识。③ 2009 年，荷兰教师教育者协会启动教师教育者知识基础项目，将教师教育者知识基础定义为"一个结构化、易掌握的专业共同体的集合知识。它包括理论知识、教学法知

---

① 范良火：《教师教学知识发展研究》，华东师范大学出版社，2003 年，第 13 页。

② 参见 VAN MANEN M. *Knowledge, Reflection on Complexity in Teacher Practice*. Lang M, Olson J, Hansen H, Bunder W. Changing Schools, Changing Practices: Perspectives on Educational Reform and Teacher Professionalism. Leuven: Garant, 1999: 65—75.

③ KOSTER B, DENGENRINK J. *Towards a Professional Standard for Dutch Teacher Educators*. European Journal of Teacher Education, 2001, 24(3):343—354.

识、实践知识①。该协会还在大量文献研究、访谈调查与实践印证的基础上，于2011年将教师教育者知识基础分为四个核心领域、两个特定领域和四个扩展领域。四个核心领域是每个教师教育者都应具备的知识，包含教师教育者专业、教师教育教学法、学习和学习者、教学与指导知识；两个特定领域关注教师教育者不同工作背景和专业，包含教师教育者的特定项目和教师教育的特定学科知识；四个扩展领域为教师教育者深入研究某一领域而设计，包含教师教育的背景、教师教育的组织、课程开发与评估、教师教育者进行的研究知识等。所有领域都是探究式的，在分析基本理论的基础上，设置系列问题和案例引发教师教育者思考，整体知识基础每四年更新一次。②《师范教育学》认为，教师教育者的知识是"由广博的哲学文化科学知识、精深的专业学科知识和全面系统的教育科学知识和心理科学知识等有机构成的统一体"③。

教师教育者需要明确相关的知识基础范围，还要不断更新和扩充知识范围，拓展知识量；不断质疑、批判和创新知识，增进教师教育者职业学术性；此外，还要不断优化知识结构，提升知识的复合性及独特的经验性和实践性，形成专长（expertise）④。专长即在特定领域内，体现个体拥有大量的专业领域的知识（domain knowledge）以及

---

① 罗丽君：《荷兰教师教育者专业标准研究》，科学出版社，2018年，第67—68页。

② 罗丽君：《荷兰教师教育者专业标准研究》，科学出版社，2018年，第69—70页。

③ 中国教育学会教育学研究会编，张燕镜主编：《师范教育学》，福建教育出版社，1995年，第202—203页。

④ 国内对"expertise"一词有多重译法，如专家的意见、专门技术、专家知识、专家知能、专长等。本书使用"专长"译法，意指专门的知识或能力。

知识的高度组织化与结构化①，具有较大的知觉优势、反应速度快、记忆力强，多以质性方式分析问题，对问题表征理解比较深入，有较强的自我监控技能，体现在调节问题解决、检查操作步骤、分配注意力和关注信息反馈等方面，隐示其在领域中丰富的内隐性知识。

3. 发展专业能力，形成专业技艺

专业能力指教师教育者顺利完成教育教学活动所需的能力和本领，是教师教育者综合素养最突出的外在表现，也是评价教师教育者专业性的核心构成，已有文献对教师教育者专业能力研究丰富。《师范教育学》认为，教师教育者应具有：（1）教育认识能力，指教师教育者认识教育过程、认识学生的成长规律、个性特点的能力以及理解教材的能力等，是实施教师教育的基础；（2）教育设计组织能力，包括对教育活动的总体构想、教育目标群的设计、教育计划与方案的设计、加工教育内容、课堂组织、设计教育方法和教育策略、运筹调整教育过程、创设教育情境等能力；（3）教育组织管理能力，包括组织和管理学生及课堂教学、激发和引导学生活动、维持教育秩序、组织课外活动和社会实践活动、协调各种教育影响的能力等；（4）教育交往能力，包括语言表达能力、课堂双向交流能力、师生关系、同事关系的协调能力等。②

美国教师教育者专业标准明确规定教师教育者应具备九方面的专业知识与能力，其中前四个方面是明确针对教师教育者个体专业知识与能力的具体要求，包含示范教学、文化能力、学术能力、专业发展；后五个方面更多地是指向教师教育者群体、专业共同体建设的具

① 转引自李琼：《教师专业发展的知识基础：教学专长研究》，北京师范大学出版社，2009年，第1页。

② 中国教育学会教育学研究会编，张燕镜主编：《师范教育学》，福建教育出版社，1995年，第203—204页。

体要求，包含合作能力、项目发展能力、开展教师教育者专业能力、公关宣传能力、展望能力。[①] 荷兰学者鲍勃、梅卡等研究认为，大学中的教师教育者应该承担六个方面的任务，并应具备四个方面领域的能力，这四个方面领域的能力包括内容方面的能力（Content Competencies）、交流与反思能力（Communicative and Reflective Competences）、组织能力（Organizational Competences）、教学能力（Pedagogical Competences）[②]。以色列学者凯瑞·史密斯（Kari Smith）在把教师教育者和中小学教师所应具备的专业知识及能力进行了比较研究后认为，教师教育者需要具备如下六个方面的知识与能力[③]：反思与元认知的能力、具备大量的知识、具备如何创生新知识的相关知识、具备如何教授儿童与成年人的相关知识、要对整个教育体系有全面的了解、要具有专业的成熟与自主。

国内学者朱旭东、胡艳等认为，高校教师教育者要重点提升三个方面的能力。一是提升高校教师教育者的课程开发能力，包含深厚的知识储备能力、广泛的资源获取能力、良好的知识转换能力；二是提升环境创建能力，包含学生特点分析能力、教学诊断能力、处理紧张关系和困难的能力。三是提升联络沟通能力，包含沟通交流能力、组织管理能力、合作能力。[④] 刘鹂聚焦教师教育者的教学能力，将其分解为开展教学活动的能力（包含教学设计的能力、教学实施的能力、

---

① 参见郑丹丹：《教师教育者及其专业标准的国际比较研究》，浙江大学出版社，2015年，第98—101页。

② KOSTER B, BREKELMANS M, KORTHAGEN F, et al. *Quality Requirements for Teacher Educators*. Teaching and Teacher Education: An International Journal of Research and Studies. 2005, 21(2): 157—176.

③ SMITHE K. *Teacher educators' expertise: what do novice teachers and teacher educators say*? Teaching and Teacher Education, 2005, 21(2): 177—192.

④ 朱旭东，等：《中国教育改革开放40年：教师教育卷》，北京师范大学出版社，2019年，第445—448页。

教学评价的能力)、研究发展教学的能力(包含反思教学的能力、研究教学的能力、创新教学的能力)以及聚焦教学的影响能力(包含示范教学的能力、交流教学的能力、教学浸润的能力)。① 杨跃等认为,教师教育者的核心专业素养是作为优异教学示范者的“示—教”能力,作为“学习教学”的教导与指导者的“教—教(学教)”能力和作为对教师学习者“学—教”和自己“教—教”“教—学教”研究者的“研—教(学教)”能力。② 此外,还有学者提出,教师教育者要具有跨文化敏感度,要有能力理解、欣赏并且接受文化差异。③ 赵英、李丹阳等认为,教师教育者的能力结构包含四项关键的能力④,即教学能力、管理能力、共同体建构能力、专业发展能力。

综上可见,虽然国别不同,但对教师教育者知识和能力的需求都有很多共同之处,如丰富广阔的知识和全面娴熟的传递、沟通、反思、研究、创造能力等。并且,很多国家以“标准”的形式将教师教育者应当如何思考、认识和做事所达成的共识确定下来颁布执行,如美国、荷兰、澳大利亚、英国等。这些标准对于提升教师教育者队伍整体水平,建立无可替代、坚实有效的教师教育者专业知识和专业技术基础是有好处的,但也要兼顾教师教育者个体特性灵活执行。还需指出的是,教师教育者需要的不仅是这些理论知识和能力,更需要不断反思如何应用和充实这些知识和能力,形成专长和技艺

---

① 刘鹏:《教师教育者教学能力探析》,《陕西师范大学学报(哲学社会科学版)》,2016年,第1期,第158—164页。

② 杨跃,匡曼玉:《论教师教育者的核心专业素养及其培育》,《现代教育管理》,2020年第1期,第85—91页。

③ 王芳:《新疆教师教育者跨文化敏感度研究》,新疆师范大学硕士论文,2016.

④ 赵英,李丹阳:《论高校教师教育者的四维能力结构》,《当代教师教育》,2018年第2期,第41—46页。

(artistry)①。舍恩用技艺来指实践者在独特的、不确定的且矛盾的实践情境中所表现出的各种能力。它是一种更常见的能力的高级而深奥的变体，被理解为行动中反思的能力，是处理实践中不确定性能力的精髓所在，教师教育者要提升将这种专长或技艺同自己的教学和实习学生的教学联系起来的能力。此外，也需要发展一种教师教育者的专业语言，用于增进他们之间的沟通与交流，便于形成相关共识和创造相关理论。

洛蒂曾说，一种被认可为一门专业的职业部分源于人们相信其成员能够共同在重要的公共关注问题方面拥有神秘的知识，它们不为"门外汉"所知。② 教师教育要成为一门专业，教师教育者要成为名副其实的专业人员，就必须发展和创建这样的知识和能力，而这更多要依赖于教师教育者在成长和发展中不断学习研究、合作、创造，尤其是发展独特、鲜活的实践知识，创建强有力的教师教育者共同体。

4. 形成专业自我，获得积极情感体验

专业自我是教师教育者专业生活中创造并体现符合自己志趣、能力与个性的独特的教育教学生活方式及个体自身在专业生活中形成的知识、观念、价值体系与教学风格的总和，③ 是教师教育者对自己专业身份的内涵建构和意义赋予，是一个诠释"作为教师教育者，我是谁"的过程④。专业自我包括自我形象的正确认知、积极的自我体验、

---

① 参见［美］唐纳德·A. 舍恩（Donald A. Schon）：《培养反映的实践者：专业领域中关于教与学的一项全新设计》，郝彩虹等译，教育科学出版社，2008 年，第 22 页。

② LORTIE D C. *Schoolteacher*: *A Sociological Study*. Chicago: University of Chicago Press, 1975:80.

③ 全国十二所重点师范大学联合编写：《教育学基础》，教育科学出版社，2002 年，第 119 页。

④ 郑一，董玉琦：《西方实践型教师教育者专业自我建构及其影响因素》，《外国教育研究》，2019 年第 6 期，第 117—128 页。

正确的职业动机、对职业状况的满意、对理想的职业生涯的清晰认识、对未来工作情境有较高的期望、具有个体的教育哲学与教学模式。[①] 教师教育者专业自我的形成蕴含在其专业生活体验和提升之中，依赖其对自身职业生涯的规划与管理，包括自我发展定位、制定发展目标、实现发展目标、调整发展目标，是其专业生活个性化的过程。专业自我形成也是一个不断建构和重构的过程，并带来自我效能感、职业满足感、职业倦怠感、职业危机感等积极和消极的情感体验，积极的情感体验将深刻影响教师教育者的工作态度和工作方式，并直接带动工作质量的提升，促进其不断建构良好的教师教育者形象。

（四）教师教育者专业成长的特征

教师教育活动复杂，任务艰巨，历时久长，影响深远，教师教育者专业成长是教师教育者顺利开展教育活动、完成艰巨教师教育任务和使命的重要保障，具有如下重要特征。

1. 教师教育者的专业成长是其不断走向专业化的过程

教师教育者作为教师教育生态系统中能动的重要组成部分，不是先天就可以胜任的，而需经过后天的培养、培训、发展和完善，才能不断实现专业化。教师教育者的专业成长就是持续的不断专业化的过程，体现为随着社会发展和教育变革，其自身实现从新手到老手，从职前培养、入职教育再到职后教育的一体化、专业化的过程。它是一个持续发展的过程，也是一种状态，是不断累积、不断深化的过程。

2. 教师教育者的专业成长是个思想与行动创生的生产性过程

教师教育从本质上讲是理论和实践的统一。教师教育者既要将“教教学”的知识和理论教给学生，同时更要身体力行，在实践中践

---

① 全国十二所重点师范大学联合编写：《教育学基础》，教育科学出版社，2002年，第119页。

行这些思想，成为学生的榜样，而且要反思与研究理论和实践之间的矛盾、问题，自身实践中的困惑，不断寻求“灵感”创生新的理论和实践。教师教育者的专业成长立足现实，在实践中成长，研究实践、为了实践，在实践中不断践行理论，研究行动中的问题并产生新的理论和实践。

3. 教师教育者的专业成长是个智慧与情感交互的艺术性过程

教育是爱的事业。教师教育更是需要爱和培养爱的事业。这份爱体现为丰富的情感，既有对教育成就的骄傲，也有对其现状的不满，还有对其未来的憧憬，并通过教师教育者的经验、智慧艺术性地传递给学生，从而让他们能够感受自身承担的神圣使命，滋养对教育事业的爱。因此，教师教育者的专业成长既体现为不断获取教师教育知识、积累教师教育实践经验、增进对教师教育事业满腔的热情，同时也体现在学会艺术性地展现教学魅力，使学生能够爱上教育事业的过程。

4. 教师教育者的专业成长是个体与环境联动的终身性过程

教师教育的开放化、综合化、一体化带来教师教育者工作的逐步开放与合作。加之关于自我的研究表明，自我从来都不是孤立的、封闭的，而是互动的，它要与自身、他人及所处的环境不断地对话、联动才能实现发展。在教师教育者的专业成长过程中需要同自己、学生、同事、环境不断相互作用，协同联动，从而不断建构自我、超越自我，彰显个人的价值，该过程只有起点，没有终点。这也需要教师教育者能够不安于现状，拥有一颗不安分的心。正如太阳每天都是新的，教师教育者的每一天也应力求是新的。

5. 教师教育者的专业成长是个成己、成人达至个性化人生境界的超越性过程

人的发展是个永无止境的向善过程。成长就是期待成为个性化的

自己，成为具有灵性、理性和实现最大发展的人。而且，成长源自个体内动力的驱使。布洛（Bullough R. V.）曾指出，教师发展的本质是发展的自主性，发展是教师不断超越自我、实现自我的过程，更是教师作为主体自觉、主动、能动、可持续的建构过程。① 同样可以说，教师教育者专业成长的本质也是发展自主性，不断追求圆满与优异，成己、成人的个性化自主建构过程，是个体自我和社会自我和谐统一的过程。该过程只有起点，没有终点，不断朝向“人不仅力求‘活着’，而且力求‘体面地活着’，‘有意义地活着’，力求‘过一种高尚的生活’”②，达至一定的人生境界。高尚的人生境界历来是人们的普遍追求，比如从古代儒家之“仁”、道家之“真人”、佛家之“圆满”到国学大师王国维的“三境界”、冯友兰先生的“四境界”③，从亚里士多德的“最有理性并严格按照理性来生活的人就是最有境界的人”到克尔凯郭尔的“三阶段”、尼采的“精神三变”等。

更为主要的是，在成长过程中，他们不仅要不断提升自己个性化的人生境界，还要帮助其学生和学生的学生提升人生境界。故其成长价值也就是成为未来教师成长的楷模和社会公民成长的典范以及自我生命提升的主体。“在尊师重教依然任重道远的今天，中国的教师教育者与世界各国的同行一样面临着双重压力：一方面，对师道理想的追求不能也不应该削弱，而另一方面，对教师的职业素养和专业要求

---

① 参见 BULLOUGH R V，KAUCHAK D P，CROW N A，STOKES D K. *Professional Development Schools：Catalysts for Teacher and School Changc*. Teaching and Teacher Edncation,1997(2):153—169.

② 石中英：《教育哲学》，北京师范大学出版社，2007 年，第 91 页。

③ 国学大师王国维的三境界：“昨夜西风凋碧树，独上高楼望尽天涯路。”此第一境界也。“衣带渐宽终不悔，为伊消得人憔悴。”此第二境界也。“众里寻她千百度，蓦然回首，那人却在灯火阑珊处。”此第三境界也。冯友兰先生根据人对于其所做之事的“觉解”程度，将人生划分为“自然境界”“功利境界”“道德境界”“天地境界”。

也越来越高。”① 而减小压力的根本途径之一，就是确保教师教育者的健康成长。

第三节　教师教育者专业成长的历史际遇

一、近年来我国教师教育发展的主要成就

教师是人类文明的传承者，教育的发展首先在于教师。因此，教师教育是整个教育大厦的基础，在教育发展中占据着基础性、优先性、战略性地位。改革开放 40 多年来，我国教师教育不断恢复和发展，教育体系不断优化，教育规模不断扩大，教育质量稳步提升，质量保障体系不断完善，成就斐然。

（一）构建起了多元开放、前后衔接的综合化教师教育体系

改革开放 40 多年来，我国教师教育体系经历了重大变革。伴随大部分地区义务教育普及任务的基本完成，国民对基础教育需求由量转质，带动师资需求不断提升。尤其是 1999 年教育部印发《关于师范院校布局结构调整的几点意见》，明确提出在我国建立“以师范院校为主体，其他高等学校积极参与，中小学教师来源多样化；师范教育层次结构重心逐步升高；职前职后教育贯通”的开放的教师教育体系。此后，全国师范院校掀起合并、重组、升格的浪潮，带来了教师教育体系的根本性变化：一是教师教育层次由三级变为二级，基本取消或转型中师层次；二是众多教师教育机构同时承担教师培养和培训双重任务，大量取消独立的教育学院和教师进修学校，在机构设置方面基

① ［美］琳达·哈蒙：《有力的教师教育：来自杰出项目的经验》，鞠玉翠等译，华东师范大学出版社，2009 年，总序，第 1 页。

本实现职前、职后一体化局面；三是独立、高质量的师范院校在强化教师教育重点和特色的同时发展非师范专业；四是一些综合性大学的教育学院或教育研究院参与教师教育，承担教师继续教育和教育理论、教育政策研究。我国以高等师范院校为主体、综合性大学参与的开放的教师教育体系逐步形成，“本科—研究生”层次的师范生培养体系愈发明显，教师教育的职前培养和职后培训前后贯通、相互衔接，实现了教师专业发展的可持续性、终身性，体现了可持续发展的思想和终身教育思想。

（二）形成了与基础教育师资需求相一致的教师教育规模

新中国成立 70 多年来，党中央高度重视教育事业，把教育摆在优先发展的战略位置，持续推进教育改革、加快补齐教育短板，加速推进教育现代化，不断增强人民群众的教育获得感，加速提升我国教育的国际影响力，全面提升国民思想道德品质和科学文化素质。最新数据表明，“十三五”期间，在习近平总书记关于教育的重要论述，特别是关于教师工作的重要指示精神指导下，以新中国成立以来党中央出台的第一个专门面向教师队伍建设的重要政策文件——《中共中央国务院关于全面深化新时代教师队伍建设改革的意见》为统领，教师队伍素质不断提升，结构不断优化，规模不断扩大。据《2020 年全国教育事业发展统计公报》显示，全国共有各级各类学校 53.71 万所，各级各类学历教育在校生 2.89 亿人，专任教师 1792.97 万人。其中，幼儿园 29.17 万所，专任教师 291.34 万人；义务教育阶段学校 21.08 万所，在校生 1.56 亿人，专任教师 1029.49 万人；初中专任教师 386.07 万人；特殊教育学校 2244 所，专任教师 6.62 万人；高中阶段教育学校 2.45 万所，专任教师 193.32 万人。普通高等学校 2738 所，普通高等学校专任教师 183.30 万人。① “十三五”期间，国家安排 28 亿元支持 38 所师范院校建设，整体提升师范院校和师范专业办学水平。6 所部属师范大学累计招收公费师范生 3.7 万多人。目前，全国有 28 个省份实行地方师范生公费教育，师范院校和师范专业办学水平整体得到提升。②

我国不仅创建了这个支撑起世界上最大规模的覆盖学前教育到高等教育的教育体系，同时初步创建了与之适应的中国特色教师教育体系，截至“十三五”收官，交上了一份满意的答卷，具体表现在如下四个方面。③

一是构建了新时代教师队伍建设的四梁八柱。实施教师教育振兴行动计划，部署开展教师教育五项重点任务和十大行动任务，完善师范生公费教育政策，初步形成了中国特色教师教育体系。

二是夯实了新时代教师队伍建设的基础。在质量保障上，实施三级五类师范专业认证，将全国 4000 余个师范专业纳入一级质量监测，221 个师范专业通过了第二级、第三级专业认证。改革实施“国培计划”，聚焦乡村教师特别是“三区三州”等深度贫困地区的乡村教师，中央财政投入 110 亿元，培训近 900 万人次。在提升层次上，实施卓越教师培养计划 2.0，推动 64 所师范院校完成 UGS 协同育人机制，加大师范教育的支持力度，中央高校师范生和公费师范生生均拨款标准分别提高了 3000 元和 5000 元。

---

① 2020 年全国教育事业发展统计公报. [EB/OL]. http://www.moe.gov.cn/jyb_sjzl/sjzl_fztjgb/202108/t20210827_555004.html.

② 书写新时代教育绚丽篇章. [EB/OL]. https://m.gmw.cn/baijia/2022－03/15/35587550.html.

③ 教育 2020 收官系列新闻发布会第一场：介绍“十三五”期间国家教育改革发展、教师队伍建设、教育经费投入与使用、信息化建设情况. [EB/OL]. http://www.moe.gov.cn/fbh/live/2020/52692/.

三是增强了新时代教师队伍建设的改革发展活力。在完善教师资格制度方面，28个省份参加中小学教师资格考试与定期注册制度改革试点，年平均认定教师资格人数160万人以上，较“十二五”期间增长约37%，近1000万人次中小学教师参与定期注册。新增信息技术、心理健康教育等12门考试科目，出台了港澳台居民申请中小学教师资格政策。2020年实施“先上岗、再考证”阶段性政策措施，全力做好应对疫情稳就业工作。

在精准实施各类支教项目方面，边远贫困地区、边疆民族地区和革命老区人才支持计划教师专项计划选派了11万余名教师；援藏援疆万名教师支教计划选派了1万名教师；银龄讲学计划招募了近1万名退休教师，高校银龄计划支援西部计划，首批遴选140余名退休教授、副教授开展支教支研。累计招聘42万名特岗教师，覆盖中西部省份1000多个县，3万多所农村学校。

“国培计划”自2010年启动以来，培训教师校长超过1700万人次。“十四五”期间，“国培计划”将按照定位精准、对象精准、内容精准、方式精准、评价精准的原则，重点支持中西部欠发达地区农村骨干教师和校长的培训，计划培训校长教师不少于400万人次。① 2022年4月，教育部等八部门印发《新时代基础教育强师计划》，中央和地方将共同支持新时代基础教育强师计划实施，指出各地要优化支出结构，将教师队伍建设作为教育投入重点予以优先保障，加大对师范院校支持力度，适时提高师范专业生生均拨款标准，重点提升教师专业素质能力、提高教师待遇保障。严格落实经费监管制度，规范

---

① 教育部：今年“优师计划”生源质量良好，招录师范生9530人［EB/OL］.(2021-09-08). http://www.moe.gov.cn/fbh/live/2021/53730/mtbd/202109/t20210908_560774.html.

经费使用，确保资金使用效益。①

四是提升了新时代教师队伍的地位待遇。持续推进各地落实义务教育教师工资收入水平不低于当地公务员平均收入水平，实现中西部22个省份725个连片特困地区县乡村教师生活补助政策全覆盖，惠及8万多所乡村学校近127万名乡村教师。在中央补助政策的示范带动下，2019年全国有1012个非连片特困地区县也实施了乡村教师生活补助政策，使教师工资由20世纪80年代之前在国民经济各行业排倒数后三位，提升到目前在全国19大行业排名第7位。②“十三五”时期，国家财政性教育经费中，教职工工资福利是第一大支出，占比一直保持在61%左右。③此外，还不断健全教师荣誉表彰制度，增加优秀教师楷模评选表彰等活动，并通过建立工资待遇保障制度，调整完善教师职称政策，使中小学高级职称结构更加合理化，激发了中小学教师长期从教、终身从教的热情。

（三）办学层次、办学质量不断提升

近年来，我国教师教育的重心开始从普及规模向提升质量转移。质量提升主要体现在两个方面。

一是教师教育办学层次的提升。通过师范院校的升级、合并，中等师范学校、专科师范院校的数量逐年减少，本科师范院校的数量逐年增多，教师教育培养体系基本上完成了由“老三级”（中等师范教

---

① 教育部等八部门关于印发《新时代基础教育强师计划》的通知.［EB/OL］.(2022-04-11). http://www.moe.gov.cn/srcsite/A10/s7034/202204/t20220413_616644.html.

② 1673万人，中国教师支撑起世界上最大规模的教育体系.［EB/OL］. http://www.moe.gov.cn/fbh/live/2019/51106/mtbd/201909/t20190904_397409.html.

③ 全国教师规模不断扩大，教师待遇得到有效保障［EB/OL］. 2021-09-09. http://www.moe.gov.cn/jyb_xwfb/xw_zt/moe_357/2021/2021_zt18/yw/202109/t20210909_561125.html.

育、专科师范教育、本科师范教育）向“新三级”（专科师范教育、本科师范教育、研究生师范教育）的过渡，并且向以本科教育和研究生教育为主的新格局进行转变，这一转变意味着教师教育层次的提升。

二是教师教育质量的提高。通过职前培养和职后补差教育，我国中小学教师的学历达标率逐年提升，普通小学专任教师学历合格率99.98%，初中教师学历合格率99.89%，高中教师学历合格率98.79%，普通高校专任教师博士学历占27.99%、硕士学历占37.18%、本科及以上学历总计达99.24%。①

此外，各类全国性教师培训计划的实施，也大大提高了教师队伍的素质。如“十三五”期间，完成全国中小学教师信息技术应用能力提升工程1.0，启动提升工程2.0，累计培训1000多万名教师。持续举办教育厅局长和中小学校长教育信息化培训班、“网络学习空间人人通”培训班，“十三五”期间累计培训3万人。全国有超过80%的中小学学科教师利用信息技术开展教学活动，教师的信息素养和学科教学能力全面提升。还如，加强中西部欠发达地区教师校长的培训，持续深化改革实施“国培计划”，重点支持中西部23个省份的欠发达地区，面向乡村中小学、幼儿园老师和校长，每年开展大概100万人次以上的专业化培训，示范带动各地不断提高培训实效，助力提升欠发达地区已经在岗的老师和校长的教育教学能力和办学治校水平。②

---

① 2020年全国教育事业发展统计公报.［EB/OL］. http://www.moe.gov.cn/jyb_sjzl/sjzl_fztjgb/202108/t20210827_555004.html.

② 教育2020收官系列新闻发布会第一场：介绍“十三五”期间国家教育改革发展、教师队伍建设、教育经费投入与使用、信息化建设情况.［EB/OL］. http://www.moe.gov.cn/fbh/live/2020/52692/.

（四）初步建立了以标准为导向的教师教育质量管控体系

教师教育质量关乎人才培养的最终质量，关乎一个国家的竞争实力。自20世纪中叶开始，西方国家相继掀起了教师教育质量保障运动，并逐步走向规范、成熟。目前，美国、英国、法国、日本、澳大利亚等很多国家都已建立起完善的教师教育质量保障机制，如建立教师教育的认可机构、教师教育的认可制度、教师教育的专业标准，等等，为认定、评价和保障教师教育质量提供服务。①

经过改革开放40多年的改革与发展，我国已建立了较为完善的教师资格制度，对于保障新入职教师质量发挥了至关重要的作用。此外，我国还初步建立了诸多其他与教师教育质量管控相关的标准，表现为法律法规、政策文件、教师教育专业标准等多种形式，涉及职前和职后教师教育阶段，包含学前教育、小学教育、中学教育、特殊教育等不同学段，保障促进提升师范生生源质量、培养过程质量、培养结果质量。2011年，教育部颁布了《教师教育课程标准（试行）》，2012年颁布了《幼儿园教师专业标准（试行）》、《小学教师专业标准

---

① 如美国成立了“全美教师教育认定协会”（National Council for Accreditation of Teacher Education，简称NCATE）和“教师教育认定协会”（Teacher Education Accreditation Council，简称TEAC），主要负责教师教育的认定。英国在20世纪80年代成立了“教师教育审定委员会”（The Council for the Accreditation of Teacher Education），1994年更名为“教师培养管理署”（Teacher Training Agency），主要负责向政府提供或推荐合格的教师授课科目，审查教师教育中专业课程是否适合教师的职业要求。此外，很多国家，如日本、澳大利亚等，都出台了教师教育的专业标准，如教师教育机构认证标准、教师教育标准、教师教育课程标准、教师教育质量评估标准、教师教育者工作标准，等等。具体参见如下文献：朱旭东：《专业化视野中大学化教师教育的十大观点》，《教师教育研究》，2005年第1期，第3—9页；教育部师范教育司组织编写：《教师专业化的理论与实践》，人民教育出版社，2003年，第87页；陈林，蔡伟仁：《从美国教师专业化看我国教师教育管理体制改革的出路》，《高校教育管理》，2007年第3期，第54—58页；陈振隆，谌启标：《美国教师教育质量认证组织（TEAC）及其影响述评》，《外国中小学教育》，2008年第9期，第18—23页。

（试行）》、《中学教师专业标准（试行）》。为进一步推进教师教育质量保障体系建设，提高师范类专业人才培养质量，2017 年教育部还印发了《普通高等学校师范类专业认证实施办法（暂行）》，包含了《小学教育专业认证标准》等五类教育专业认证标准；2021 年颁布了《小学教育专业师范生教师职业能力标准（试行）》等五类师范生教师职业能力标准，初步建立了我国教师教育专业标准体系，彰显了“对于教师教育作为一个动态、持续、复杂过程的理解；形成了以‘信念—知识—能力’为基本框架的质量观；重点区分了学段与阶段的差异性；建构了一套相对一致性的专业话语体系”①。综上，标志着我国基于专业标准的教师教育质量管控时代正式来临。

二、当前我国教师教育发展中存在的主要问题

虽然我国教师教育取得了辉煌成就，但随着社会变迁和教育局势的变化，其中存在的诸多问题也不容忽视。

（一）教师教育经费投入尚显不足

党中央、国务院始终坚持把教育作为支撑国家长远发展的基础性、战略性投资，予以优先保障和重点投入，明确提出“一个不低于、两个只增不减”要求，着力做到“六个保”：一是坚持用服务国家战略保 4%；二是坚持用落实支出责任保 4%；三是坚持用健全生均标准保 4%；四是坚持用发挥资金效益保 4%；五是坚持用全面加强监督保 4%；六是坚持用宣传示范引领保 4%。② 尽管国家财政投入逐年增长，但对教师教育的经费投入总体来讲尚显不足。据 2007 年北京师

---

① 朱旭东，胡艳：《中国教育改革 40 年：教师教育卷》，北京师范大学出版社，2019 年，第 368—370 页。

② 教育部财务司. 持续巩固 4%成果将教育优先发展战略落到实处. [EB/OL]. http://www.moe.gov.cn/fbh/live/2020/52692/sfcl/202012/t20201201_502587.html.

范大学教师教育研究中心对全国 529 所教师教育院校的调查显示，在全国财政性教育投入不断增加的情况下，教师教育的经费投入依旧不足，这是当前各类教师教育院校普遍存在的问题。① 在对“您认为我国教师教育院校在宏观管理上哪些改进是必要的?”一题的回答中，选择“加大对教师教育院校的经费投入”的院校有 485 所，占调查院校总数的 93.2%；在对“您认为当前影响教师教育院校发展的主要因素”一题的回答中，选择“办学经费紧张”和“教学场地、设备等资源紧张”的院校分别是 473 和 324 所，占调查院校总数的比例分别是 89.4%和 61.2%，这充分说明了经费投入是影响教师教育院校发展的主要因素（图 1-1）。另据教育部、国家统计局、财政部关于 2020 年全国教育经费执行情况统计公告显示，全国高等学校生均一般公共预算教育事业费支出增长率为−5.29%。全国高等学校生均一般公共预算公用经费支出增长率为−11.56%。②

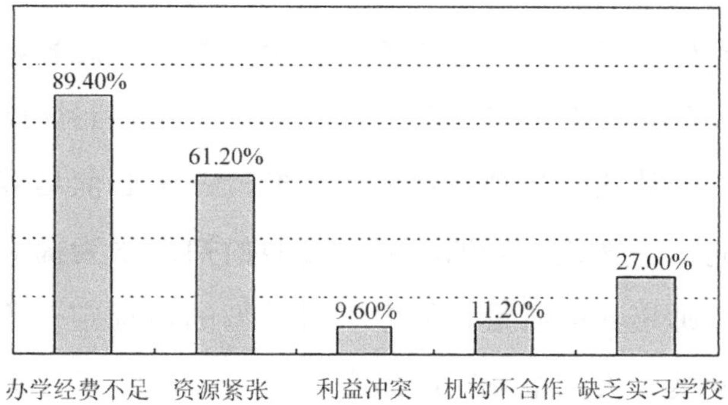

图 1-1　影响教师教育院校发展的主要因素

---

① 参见朱旭东，胡艳：《中国教育改革 30 年：教师教育卷》，北京师范大学出版社，2009 年，第 103 页。

② 教育部国家统计局财政部关于 2020 年全国教育经费执行情况统计公告［EB/OL］．（2021-11-22）http://www.moe.gov.cn/srcsite/A05/s3040/202111/t20211130_583343.html

全国人大代表、河南师范大学党委书记赵国祥充分研究我国举办教师教育的高校情况后指出，当前我国教师教育体系结构不够完善，师范院校办学经费不足，师范专业吸引力不强，师范生培养质量还有待进一步提高。在全国605所举办教师教育的高校中，有师范院校199所、非师范院校406所，但在“双一流”大学建设高校中，仅有9所师范院校，且承担本科师范生培养的综合性院校极少，很多师范院校的师范生比例偏低。他建议，在全国师范院校中开展教师教育“双一流”建设，由中央财政设立专项资金，在没有“双一流”师范院校的省、自治区、直辖市，遴选一流师范院校和一流师范专业进行重点支持；协调各地合理调整师范生生均拨款系数，对师范院校给予适度支持。①

（二）教师教育机构转型的目标定位不够明确，“去师范化”倾向日渐严重

为建立中国特色的现代教师教育体制，20世纪80年代以来，我国教师教育开始了转型，集中体现在三个方面：一是教师教育培养体系由“老三级”向“新三级”转变；二是由“单一封闭式”教师教育体系向“多元开放式”教师教育体系转换；三是职前培养和职后进修由“分离”向“一体化”培训转变。转型的初衷本为提高教师教育的专业地位和教师培养的质量，但由于对转型的目标定位不够明确，导致教师教育发展“去师范化”倾向日益严重，出现了许多事与愿违的“意外后果”。

一些非师范综合性大学参与教师教育，只是为了完善学科门类，填补学科空白，并未凭借其综合的学科优势将教师教育的任务出色担

---

① 参见赵国祥：《师范院校也应启动“双一流”建设》，《中国教育报》，2020年5月26日7版。

当；原有的师范院校则热衷于“升格”和“综合化”，其自身的师范特色被不断淡化，教师教育资源流失严重；许多担负在职教师培训的教育学院合并到师范学院后反而弱化了教师的在职培训。石鸥教授的研究曾明确指出，“从实际调查的情况看，我们发现不少学校仅仅是低级的整合与重组，追求的主要是规模的扩大，专业的增加，雨后春笋般冒出来的多数新增非师范专业办得非常艰难，而独具特色的师范专业又没有更好经营”①。他认为，这种教师教育尚未在综合大学形成重点并且难以形成重点，而师范院校实际上又转移重点到非师范的一些热门专业上的状况将造成目前特有的教师教育的相对虚空，极有可能引发教师教育质量的滑坡。因此，他呼吁应高度关注此类问题。

顾明远教授在反思教师教育转型的结果后认为，“说得极端一些、激进一些，（教师教育机构转型）是削弱了师范教育体系，降低了教师专业化水平，……我国教师教育转型的目的不明确，科学论证不够，条件准备不足，与提高师资质量的要求背道而驰”②。教育部师范教育司前司长管培俊甚至坦言：“教师教育一度面临淡化、弱化、边缘化、甚至‘去师范化’倾向，尽管现在这种消极影响和无序状态正在得到扭转，但调整还需要一个过程，真正形成开放的现代教师教育体系还任重道远。”③

（三）高质量教师教育建设和内涵发展动力不足

“构建以师范院校为主体、综合性大学参与、开放灵活的教师教育体系”立意深远，但重在落实，而现实情况却不尽如人意。如全国

---

① 石鸥：《一个时代正在结束——试论独立建制的师范院校的终结》，《高等师范教育研究》，2003 第 5 期，第 19—24 页。

② 顾明远：《我国教师教育改革的反思》，《教师教育研究》，2006 年第 6 期，第 3—6 页。

③ 管培俊：《我国教师教育改革开放三十年的历程、成就与基本经验》，《中国高教研究》，2009 年第 2 期，第 3—11 页。

人大常委会委员、北京市人大常委会副主任庞丽娟指出：首先是师范院校主体地位根基不牢，199所高等师范院校仅有9所入选“双一流”建设高校，自身竞争力处于劣势，发展陷于困境；其次是高水平综合大学参与教师教育内驱力不足，追求自身教师教育质量建设和内涵发展动力不足。① 她分析原因主要有三：一是现有高校评估导向缺乏专门关注师范院校承担的教师培养使命；二是高校评估体系中分类评估设计不足，未能有效引导师范院校“把办好师范教育作为第一职责”；三是高校评估指标构建未能充分体现教师教育特色，本科教育教学评估等在核心指标中未纳入教师培养的相关条目，未能体现出“将培养合格教师作为最主要评价指标”。对此，她建议改进目前指标相对“大一统”的高校评价体系，切实贯彻《深化新时代教育评价改革总体方案》精神，明晰教师教育质量评估特色导向，成立国家教师教育质量评估委员会，建立分类、适宜的有利于促进教师教育健康积极发展的学科学位评估考核和支持体系。② 新时代高质量教师教育发展在目标方面指向培养高素质、专业化和创新型教师，在运行方面更加强调教师教育多元主体之间协同合作和综合治理，推动教师教育有序运行；在表现方面具有整体性、开放性、发展性等特征，动态促进教师教育质量提升。我们期待师范院校和高水平综合性大学在做大、做强教师教育方面贡献更多力量！

（四）教师教育质量管控体系和保障机制仍不够健全

虽然我国已经初步建立起了教师教育标准和质量管控体系，但由

---

① 庞晓娟：以分类评价促进师范院校高质量发展［EB/OL］. http://www.moe.gov.cn/jyb_xwfb/xw_zt/moe_357/2021/2021_zt01/daibiaoweiyuan/gaojiao/202103/t20210312_519279.html.

② 庞晓娟：以分类评价促进师范院校高质量发展［EB/OL］. http://www.moe.gov.cn/jyb_xwfb/xw_zt/moe_357/2021/2021_zt01/daibiaoweiyuan/gaojiao/202103/t20210312_519279.html.

于教师教育事业发展和管理的复杂性，教师教育质量保障机制和体系仍面临诸多挑战，主要表现为“教师教育标准体系的完备性有待增强；现有标准需进一步细化；关于如何使用教师教育专业标准体系来管控质量还需要进一步细化和论证”①。未来更加完备的教师教育质量管控体系将在教师教育投入、过程、结果等方面进一步得到完善和丰富，不同方面能够增进基于标准的内在连接性、互通性、系统性，全面助力提升教师教育质量，教师教育质量保障机制应更加灵活、完善。伴随国家更加重视教师教育和教师队伍建设，仍需出台更多教师教育政策、法规，尚待凝结教师教育体系内外各方力量助力教师教育体系建设和保障质量提升。同时，我国教师教育供给侧与社会需求侧之间也存在诸多矛盾，表现为规模上持续性供过于求；结构上脱节性供需不适；体系上错位性供需不畅。②

总体而言，我国教师教育发展成绩值得瞩目，发展中存在的问题亟待关注和解决。

第四节　我国教师教育者发展面临的时代境遇

当前，世界教师教育正在面临重大转型。教师教育大学化、教师教育专业化、教师教育一体化等变革风生水起。我国已步入新时代，实现了第一个百年奋斗目标，全面建成了小康社会，正意气风发地向着全面建成社会主义现代化强国的第二个百年奋斗目标迈进，但与此同时，也遭遇了百年未有之大变局，这构成我国教师教育者成长发展

---

① 朱旭东，胡艳：《中国教育改革 40 年：教师教育卷》，北京师范大学出版社，2019 年，第 372—374 页。

② 参见王琼：《专家呼吁：教师教育需供给侧结构性改革》，《中国教育报》，2016 年 9 月 12 日第 3 版。

面临的时代境遇。

一、国际教师教育发展背景

（一）教师教育大学化

“教师教育大学化”首先于20世纪60年代在美国出现，其核心思想是强调大学在教师教育中的作用，在形式上表现为综合大学建立教育学院以培养教师。20世纪90年代以来，这一思想在西方国家有了质的飞跃，其重要标志是1991年7月欧洲教师教育联合会召开的以“大学在教师教育和培训中发挥着越来越基础的作用”为主题的专门会议，会议中首次正式提出了“教师教育大学化”概念。教师教育大学化的中心思想是主张大学应该在教师培养和培训中扮演重要角色。这里的“大学”不是指专门性的师范院校，而是学科门类比较齐全、办学水平较高的综合性大学。目前，教师教育大学化已成为国际教师教育发展的主要趋势之一。

近年来，随着我国教师教育改革的深化，教师教育大学化也得到我国学者的关注和重视。① 这些学者在研究后认为：应该在大学建立教育学院或教育研究院开展教师教育；应该按照大学的办学规律培养教师；应该确立教师教育在高等教育中的学科、专业地位，确立教师学位新观念；等等。在上述思想影响下，我国教师教育大学化的实践主要有两种情况：一是师范院校举办教师教育；二是综合性大学参与教师教育。

---

① 相关研究如下。朱旭东：《应当实施教师教育大学化战略》，《中国高等教育》，2002年第19期，第18—19页；朱旭东：《如何理解教师教育大学化》，《比较教育研究》，2004年第1期，第1—7页；王端庆：《教师教育改革的新视野》，《辽宁教育研究》，2005年第4期，第8—10页；谌启标：《教师教育大学化的国际比较研究》，福建教育出版社，2008年，第10页。

教师教育大学化在提升教师教育办学层次的同时，对教师教育者也提出了更高的素质要求。教师教育者要善于处理“学术性”和“专业性”、“实践者”和“研究者”、“大学课堂”和“中小学课堂”之间的关系。这对教师教育者的素质现状提出了严峻挑战。

（二）教师教育专业化

“教师教育专业化”的概念出现于20世纪60年代，迅速发展于世纪之交，目前已成为国际教师教育发展的一个重要趋势。“教师教育专业化”主张应把教育教学视为一门“专门性职业”，这是提高教师教育质量的最佳路径。在教师教育的过程中，应当对教师进行高标准的专业培养，提高其专业水平。

“教师教育专业化”和“教师教育大学化”紧密相连，在大学化的背景下，教师教育应该在大学找到合适的位置，成为大学的一门专业。学者李学农认为，教师教育要以专业形式存在于大学之中，必须具备三个提条件：一是必须有专门的二级教学单位（大学的学院或系）；二是形成专门的、具有相对独立性的专业团体；三是拥有实现教师教育专业的系统知识和技能。① 学者朱旭东认为：“教师教育是一种专业教育，专业教育应在专业学院完成，专业学院需要建立专业学科，专业学科要以专业知识为基础，专业知识由专业教授创造和传递，专业教育获得专业学位，专业学位是专业资格的条件，专业学院需要专业认证，专业认证要依据专业标准，专业标准由专业组织制定。”②

目前，教师教育专业化已成为教师教育改革不可逆转的趋势之

① 李学农：《师范大学综合化与教师教育专业化》，《江苏高教》，2005年第2期，第76—78页。

② 朱旭东：《专业化视野中大学化教师教育的十大观点》，《教师教育研究》，2005年第1期，第3—9页。

一。在此背景下，我国教师教育者未来的努力方向是：以教师教育为专业，具备系统的教师教育知识和技能，力争成为教师教育理论和实践方面的专家能手，形成相对独立的专业团体，并在专业团体中取得共同发展。

（三）教师教育一体化

“教师教育一体化”的含义是：“为了适应学习化社会的需要，以终身教育思想为指导，根据教师专业发展的理论，对教师职前培养、入职教育和职后教育进行全程的规划设计，建立起教师教育各个阶段相互衔接，既各有侧重，又有内在联系的教师教育体系。”① 20 世纪 80 年代以来，这一思想已成为世界各国的普遍共识，并付诸实践。

我国教师教育一体化的探索方兴未艾。一体化主要体现在以下方面：一是教育体系的一体化，把教师职前、入职、职后的培养工作逐步纳入高等教育体系之中，形成以师范院校为主体的教师教育体系。二是课程设置的一体化，积极构建职前培养、入职教育和职后培训相互贯通的一体化课程体系。三是学历学位教育的一体化，教师在职学历教育和职前学历教育应通盘考虑。目前，我国已经把小学教师的培养规格提高到专科层次以上，并于 1996 年开设教育硕士专业学位，培养研究生层次的教师。

教师教育一体化是适应时代变革和终身教育需求的必然反映，是满足教师专业化需求和提升教师教育效果的必然结果。教师教育的一体化必然要求教师教育者发展的一体化，即教师教育者的培养、培训和发展也应该是终身的、可持续的。但是如何实现、谁来培养、在哪培养、培养内容有哪些，等等，可能是我们要不断思考的问题。

---

① 梅新林：《聚焦中国教师教育》，中国社会科学出版社，2008 年，第 59 页。

（四）教师教育标准化

教师教育标准，是在国家公认机构与权威管理部门的参与下制定和下发的教师教育相关文件，这一标准主要针对教师教育活动和活动过程，对其规则以及特定指标等进行统一规定。① 教师教育标准化是教师教育专业化的具体体现，构建教师教育标准及体系是教师教育改革的重要任务和教师教育专业化发展的中心议题，该体系的构建是一个系统工程，包含了招生环节、培养环节、入职环节、持续专业发展环节等，且都需要建立相应的标准。

环顾国际教师教育改革，以美国、英国、澳大利亚等为代表的发达国家及世界各国纷纷制定了教师教育标准，以推动教师教育改革，构建教师教育体系标准，确保提升教师教育质量。因教师教育者的专业能力会影响教师教育的质量，从 20 世纪 80 年代末起，一些国家、组织和学者纷纷开始研究教师教育者专业标准。美国从 1992 年开始着手制定，1996 年正式颁布了世界首个《教师教育者专业标准》，此后经过 2003 年修订及 2008 年扩展和细化，使教师教育者标准内容体系更加完善、结构更加合理。与此同时，美国还配套出台了教师教育者专业认证制度。荷兰教师教育者协会（VELON）从 1988 年开始起草，1999 年出台了第一版《教师教育者专业标准》，2003 年修订形成第二版，并开发配套了“自我评价、专业发展和注册程序”（Self-assessment，Professional and Registration，SPR），把经过该程序评价并达到专业标准的教师视为完成注册的教师教育者。2007 年该标准被再次修订补充。此外，该协会还协同开展了一系列基于标准的“教师教育者专业质量”“教师教育者的知识基础”等教师教育者培训项目。

① 参见姜微微：《我国现代教师教育体系标准化构建初探》，《继续教育研究》，2017 年第 4 期，第 99—101 页。

我国至今尚未出台教师教育者专业标准，但教育改革 40 多年来，秉承百年师范传统，在借鉴国际教师教育理念和经验后，我国也在逐步推进教师教育标准化进程。1995 年，我国颁布《教师资格条例》，对教师资格分类与适用、对象、报考条件、考试、认定等进行了详细规定和安排。2011 年，为贯彻落实《国家中长期教育改革和发展规划纲要（2010—2020 年）》，深化教师教育改革，全面提高教师培养质量，建设高素质专业化教师队伍，教育部颁布了《关于大力推进教师教育课程改革的意见》，并以附件形式发布了我国第一套关于教师教育课程的专业标准——《教师教育课程标准（试行）》，明确了“育人为本”“实践取向”“终身学习”三大基本理念，并按照幼儿园、小学和中学三个不同学段分别制定了职前教师教育课程标准和在职教师教育课程标准，明确了“课程目标”和“课程设置”要求，并对如何实施标准提出了明确建议。

2012 年，为贯彻党的十七届六中全会精神，落实《国家中长期教育改革和发展规划纲要（2010—2020 年）》提出的构建教师专业标准体系、建设高素质专业化教师队伍的改革目标，教育部颁布了《幼儿园教师专业标准（试行）》《小学教师专业标准（试行）》和《中学教师专业标准（试行）》标准，与《教师教育课程标准（试行）》共同构成了我国教师教育专业标准体系，从关注教师如何学习和实践双重角度促进和确保了高素质教师队伍建设。为推进中国特色高质量教师教育体系建设，我国实施师范类专业认证，2017 年印发了《普通高等学校师范类专业认证实施办法（暂行）》，公布了《中学教育专业认证标准》《小学教育专业认证标准》《学前教育专业认证标准》。2019 年印发《职业技术师范教育专业认证标准》和《特殊教育专业认证标准》，标志着我国三级五类师范专业认证标准体系正式建立。

为贯彻落实党的十九届五中全会精神和《中共中央国务院关于全面深化新时代教师队伍建设改革的意见》，推进师范生免试认定中小学教师资格改革，建立师范生教育教学能力考核制度，教育部研究制定了《小学教育专业师范生教师职业能力标准（试行）》等 5 个文件（以下简称《能力标准》），每个文件分四个部分提出四大能力，即师德践行能力、教学实践能力、综合育人能力和自主发展能力。《能力标准》的出台，将为进一步加强师范类专业建设，建立师范生教育教学能力考核制度，推动教师教育院校将国家中小学教师资格考试标准和大纲融入日常教学、学业考试和相关培训中，提高师范类专业人才培养质量，从源头上提升教师队伍教书育人的能力水平保驾护航。

此外，教师教育的信息化、教师教育的开放化、教师教育的实践化、教师教育的多元化等发展趋势，均对教师教育者的素质出了严峻挑战。在此情况下，教师教育者的发展问题更彰显紧迫性。

二、国内教师教育发展背景

（一）新时代

2017 年 10 月 18 日，习近平总书记在党的十九大报告中指出“中国特色社会主义进入了新时代”。新时代的到来，开启了全面建设社会主义现代化国家的新征程。伴随我国社会主要矛盾已经转化为人民日益增长的美好生活需要和不平衡不充分的发展之间的矛盾，人民对公平而有质量的教育的向往更加迫切。

习近平总书记高度关心教育工作，多次指示、批示，强调要发展具有中国特色、世界水平的现代教育，为建设教育强国指明了方向。在 2018 年 9 月 10 日党中央召开的全国教育大会上，习近平总书记发表重要讲话，系统回答了关系教育现代化的重大理论和实践问题，全面部署加快教育现代化、建设教育强国、办好人民满意的教育工作，号召全党全国全社会加快实现教育现代化脚步，为新时代教育发展提供了根本依据。

作为教育事业工作“母机”的教师教育，是提升教育质量的动力源泉。面对新方位、新征程、新使命，教师教育者更需不忘初心、牢记使命，在推进教育现代化的道路上积极履行为党育人、为国育才的神圣使命，不断为教育强国建设贡献力量。

（二）新理念

理念是行动的先导。2015 年 10 月 29 日，习近平总书记在党的十八届五中全会第二次全体会议上的讲话鲜明提出了“创新、协调、绿色、开放、共享”五大发展理念。随后，2016 年 1 月 29 日，习总书记在中共中央政治局第三十次集体学习时又强调：新发展理念就是指挥棒、红绿灯。① 新发展理念是习近平新时代中国特色社会主义思想的重要组成部分，深刻展现了我国各项事业的发展思路、发展方向、发展着力点。创新发展增进发展动力，协调发展融合发展不平衡，绿色发展注重人与自然和谐，开放发展促进内外联动，共享发展增进社会公平正义。五大发展理念相互贯通、相互促进，是具有内在联系的集合体，要统一贯彻，不能顾此失彼，也不能相互替代。

新发展理念符合我国国情，顺应时代要求，对破解发展难题、增强发展动力、厚植发展优势，促进深化教师教育综合改革，满足为基础教育培育高素质专业化师资具有重要指导意义：以创新引领大学的教师教育改革，实现教育理论与实践的双向激活；以协调性为原则融合大学和中小学，构建教师教育实施主体间共同体关系；以绿色发展

① 习近平：新发展理念就是指挥棒、红绿灯.［EB/OL］. https://www.chinanews.com.cn/gn/2016/12-15/8094828.shtml.

理念推动教师教育改革，营造各要素之间的良性互动生态关系；以开放发展的理念为指导，打破教师教育长期以来存在的体制性障碍；以共享发展为教师教育改革的目标，培养更多高素质专业化教师。①

新发展理念对于促进新时代教师教育者发展同样意蕴深刻：第一，以创新发展引领教师教育者融合理论与实践，增进创造性和实践性，努力成为双师型教师教育者；第二，以协调发展增进教师教育者沟通大学和中小学，创建教师教育者发展共同体；第三，以绿色发展增进教师教育者融合各发展阶段、各关联要素，推动教师教育者发展一体化，实现可持续发展，建设良好教育生态；第四，以开放发展带动教师教育者融合，满足教师教育供给侧和需求侧要求，在密切的互动关系中推进和谐共生的教师教育；第五，以共享发展带动教师教育者促进地方政府、大学、中小学协同联动，共同履行培养高素质师资、提升教育质量和促进教育公平的使命。而且，新发展理念也促使教师教育者建立"全人"发展意识，不断提升发展自觉，勿忘初心，牢记使命，踔厉奋发，砥砺前行，助力推进中国教育现代化，建设教育强国。

（三）《中国教育现代化 2035》和《加快推进教育现代化实施方案（2018—2022 年）》

2035 年是我国基本实现社会主义现代化的重要时间节点。2019 年 2 月 23 日，中共中央、国务院印发《中国教育现代化 2035》，系统勾画了我国教育现代化的战略愿景，明确教育现代化的战略目标、战略任务和实施路径，成为我国第一个以教育现代化为主题的中长期战略规划，是新时代推进教育现代化、建设教育强国的纲领性文件。文

① 参见孟繁华：《以新发展理念引领教师教育改革创新》，《教育研究》，2017 年第 11 期，第 15—17 页。

件明确推进教育现代化的指导思想，明确提出推进教育现代化的八大基本理念和必须坚持的七个方面的基本原则，确立了到2020年教育现代化取得重要进展，2035年总体实现教育现代化、迈入教育强国行列的总体目标。同时，重点部署了面向教育现代化的十大战略任务。其中，第七项任务聚焦培养高素质教师队伍，健全以师范院校为主体、高水平非师范院校参与、优质中小学（幼儿园）为实践基地的开放、协同、联动的中国特色教师教育体系；强化职前教师培养和职后教师发展的有机衔接；夯实教师专业发展体系，推动教师终身学习和专业自主发展。此外，文件还明确了实现教育现代化的实施路径和保障措施。根据2035年教育远景战略任务，同时出台的《加快推进教育现代化实施方案（2018—2022年）》提出了未来五年推进教育现代化的十大任务。两个文件远近目标有机结合，又各有分工和侧重，共同构成了教育现代化的顶层设计和行动方案，充分体现了以下鲜明特点：一是服务国家人民；二是体现前瞻引领；三是立足国情世情；四是突出改革创新；五是注重规划实施。①

教育是国之大计、党之大计，是全党全社会的共同事业，加快教育现代化、建设教育强国任重道远，要一张蓝图绘到底。这对未来教师教育者成长提出了明确的高质量发展要求，指明了协同创新发展的方向，并为教师教育者提供了施展才能的广阔空间与无限可能。在两个文件的指引下，确保领导坚强有力，建设持之以恒，各界齐心协力，久久为功，共同打造教育新生态，开创教育现代化建设新局面。

（四）“双减”

为持续规范校外培训，有效减轻义务教育阶段学生过重作业负担

---

① 绘制新时代加快推进教育现代化建设教育强国的宏伟蓝图.［EB/OL］. http://www.gov.cn/zhengce/2019－02/23/content_5367993.htm.

和校外培训负担（以下简称“双减”），2021 年 7 月 24 日，中共中央办公厅、国务院办公厅印发了《关于进一步减轻义务教育阶段学生作业负担和校外培训负担的意见》（以下简称《意见》），体现了党中央对此工作的高度重视。《意见》明确坚持以习近平新时代中国特色社会主义思想为指导，全面贯彻党的教育方针，落实立德树人根本任务，着眼建设高质量教育体系，强化学校教育主阵地作用，深化校外培训机构治理，坚决防止侵害群众利益行为，构建教育良好生态，有效缓解家长焦虑情绪，促进学生全面发展、健康成长。① 总体工作思路是：第一，坚持加强源头治理，发挥学校主阵地作用，让学生学习更好回归校园；第二，加强系统治理，除了关注作业和校外培训，还要在加强课后服务、减轻考试压力、完善质量评价、营造良好生态等方面统筹协调、系统扎实推进“双减”工作；第三，坚持综合治理，建立“双减”工作专门协调机制，形成有效工作合力，统筹学校、社会、家庭力量形成三位一体育人格局；第四，加强依法治理，在法律的框架内明确各项政策，做到有法可依、依法治理。② 实现校内外两方面“双减”工作的总体目标，使校内教育教学质量和服务水平进一步提升，学生学习更好回归校园；校外培训乱象基本消除，热度逐步降温，减轻学生、家长等负担，人民群众教育满意度不断提升。

“双减”政策的实施最高效地遏止了校外培训在资本作用下的疯狂扩张以及培训焦虑的蔓延。据教育部公布的数据显示，截至 2021 年 7 月，原来的 12.4 万个义务教育阶段线下学科类培训机构已经压减到

---

① 中共中央办公厅国务院办公厅印发《关于进一步减轻义务教育阶段学生作业负担和校外培训负担的意见》. [EB/OL]. http://www.moe.gov.cn/jyb_xxgk/moe_1777/moe_1778/202107/t20210724_546576.html.

② 坚决贯彻中央决策部署深入推进“双减”工作. [EB/OL]. http://www.moe.gov.cn/jyb_xwfb/s271/202107/t20210724_546567.html.

9728个，压减率为92.14%；原来的263个线上校外培训机构也压减到34个，压减率为87.07%。①

“双减”背后，是要求学校“提质增效”，实现一系列从宏观到微观深层次的变革，如教学管理、学校管理、作业管理、教研管理、评价管理等改革，从而重构教育生态。而这需要学校、教师、家长、学生、社会等多方面观念的转变。正如胡卫所说：“孩子的成才不能只有一条路，只有全社会的各种门路都打开，让学生能够在各条道路当中都能成才，这样才能为教育营造一个良好的空间和环境，真正使我们的教育回归教育的本真。”②

由此，引发教师教育者思考“双减”背景下该如何发展，如何改进自身观念和行为，对未来教师施加正确影响，使之能够为适应愈来愈高的“提质增效”需求，为重建教育生态奠定坚实基础。

（五）后疫情时代

后疫情时代（Post-Pandemic Era），是指新型冠状病毒疫情过去后的时代。后疫情时代并不是疫情完全消失、一切恢复如前，而是疫情时起时伏，随时都可能小规模暴发，从国外回流或者季节性发作，且迁延较长时间，对各方面都会产生深远影响的时代。③

后疫情时代会给教育带来哪些影响和挑战？俞敏洪认为，教育的发展将面临全新的挑战，如“在线教育模式”或者“线上、线下相结合”的教育模式将对现有的教育组织管理体制造成冲击。2020年2月至4月，在华东师范大学基础教育改革与发展研究所率先发起的“后

---

① “双减”落地超半年教育生态如何重构.［EB/OL］. http://www.moe.gov.cn/jyb_xwfb/moe_2082/2021/2021_zl53/mtgc/202203/t20220314_607097.html.

② “双减”落地超半年教育生态如何重构.［EB/OL］. http://www.moe.gov.cn/jyb_xwfb/moe_2082/2021/2021_zl53/mtgc/202203/t20220314_607097.html.

③ 王竹立：《后疫情时代，教育应如何转型?》，《电化教育研究》，2020年第4期，第13—20页。

疫情时代，基础教育何去何从”大讨论中，来自全球的97位教育专家直面后疫情时代基础教育的现实生态与基本形势，有对基础教育内在价值和价值旨归的叩问，如教育的“变”与“不变”，教育真谛、教育自觉等；有对基础教育实存问题与内容诉求的审思，如价值观教育、责任教育、生命教育、危机教育、公共精神等；有对基础教育未来走向与发展路径的预测，如对教育公平、教育新生态、大国责任担当等的探索。[1] 疫情带给我们更多关于建立教育新秩序、新格局的思考，关于推进建立人类命运共同体，关于重新认识什么是教育、什么是学习、什么是知识，如何促进教学数字化转型等的省思。

作为教师教育者，面对后疫情时代如此不确定的教育情形，该如何适应新的教育平台、技术提升、观念融合等挑战，又该如何引导未来教师更新教育观念、学生观念、学习观念……如李政涛所言，“但愿，能够以我们的预见和远见，来超越我们的未见……”[2]

---

① 李政涛：《后疫情时代，基础教育向何处去》，上海教育出版社，2021年，第2页。

② 李政涛：《后疫情时代，基础教育向何处去》，上海教育出版社，2021年，第3页。

第二章　教师教育者专业成长的重要路径：自我研究

教师教育者的专业成长是教师教育质量提升的重要保证，在坚持理论素养与专业素养一体化同步提升的原则下，倡导通过多种路径的融合发展，如通过专业学习、培训、学历提升、挂职锻炼、开展研究等，使教师教育质量获得提升。综观高校教师教育者特有的角色身份、工作环境及国内外诸多教师教育者发展方式的研究成果，自我研究是促进教师教育者专业身份建构与发展的一条重要路径，本书将做重要探讨。

20 世纪 90 年代，西方教师教育界悄然兴起了一场新的学术运动。这场运动先由部分教师教育者发起，继而迅速获得广大教师教育者响应，以“关注自身教学反思，促进自我专业发展”为主题，在短短数年时间里获得了迅速发展。这场运动便是“自我研究”运动，它的兴起，将一个一直发挥着重要作用但长期被忽视的群体——教师教育者群体——空前地凸现出来。从此，教师教育者开始步入人们的视野，并将“自我研究”作为其重要的学习手段和专业发展方式。通过自我研究，教师教育者从知识消费者转变为知识生产者，不仅学会了如何生产知识，同时积极利用这些知识改进实践，促进建立教师教育的公共知识基础。学者蔡克纳（Ken Zeichiner）曾说："自我研究的诞生是20世纪90年代左右教师教育研究领域最重要的发展。"①

本章从介绍自我研究的概念入手，深入剖析自我研究的内涵特质，系统梳理自我研究的理论和实践在西方的发展脉络，归纳总结自我研究的内容和方法，客观评价自我研究的作用和意义，使读者大致了解自我研究的概况，以期"胸有全豹"。

第一节　自我研究及其内涵特质

一、自我研究的概念界定

"自我研究"译自英文"self-study"，这一术语起初并非出现在教师教育领域，许多领域都曾有人使用，但译法不一，有的译为"自学"，有的译为"自省"，还有的译为"自评"。澳大利亚莫纳什大学教授约翰·洛克伦在他的文章 *History and Context of Self-study of Teaching and Teacher Education Practices* 中将"self-study"的含义分为三类。②

一是运用于学习领域的"self-study"。指学生通过自定步调或自我评估的方式来独立完成学习任务，类似于"自学"。在这种用法中，人们关注的焦点是学习者用自我诊断或其他获取信息的方式来学习。

---

① ZEICHNER K. *The New Scholarship in Teacher Education*. Educational Researcher，1999,28(9)：4—15.

② LOUGHRAN J J. *A History and Context of Self-Study of Teaching and Teacher Education Practices*. In Loughran，J. J.，et al (Eds.). International Handbook of Self-Study of Teaching and Teacher Education Practices. Dordrecht/ Boston/ London：Kluwer Academic Publishers. 2004：8—9.

这种用法是针对当时普遍认为学生获取知识只能通过教师传授的传统观点所提出。

二是运用于心理学领域的“self-study”。常用来描述在人的个性发展中影响个性形成的因素，也常用于对自我反省的描述，类似于“自省”。

三是运用于评价领域的“self-study”。即主体对“自我”的评价，类似于“自评”。这里的主体既可以指个体或群体的人，也可以指某个机构，当指机构时，则多与机构评价的思想相连。如某大学在学校范围内所做的自我评价、某学院在学院范围内所做的自我评价等。

大约在20世纪80年代，“self-study”这一术语开始被人引入教师教育领域，译作“自我研究”。这种类型的“self-study”是由从事教学工作的教师教育者发起的，为了更好地理解“教”和“学”之间的关系，他们开始关注并研究自身的教学实践，因此又被称为“教师教育实践自我研究”（Self-Study of Teacher Education Practices，缩写为S-STEP）。2004年《教学和教师教育实践自我研究国际手册》一书出版后，自我研究的范围进一步扩大，不仅包括教师教育者对自身教学实践的研究，也包括普通教师对自身教学实践的研究，因而又称“教学和教师教育实践自我研究”（Self-Study of Teaching and Teacher Education Practices，缩写为S-STTEP）。由于习惯原因，S-STEP和S-STTEP通常并无截然分别。作为教师教育者重要的学习手段和专业发展方式，“自我研究”目前正受到越来越多教师教育者的推崇和重视。

尽管“自我研究”被引入西方教师教育领域已有30多年，但其对于自我研究的认识莫衷一是，主要有以下几种观点。

一是从研究目的出发阐释自我研究。有的学者从研究目的的角度对自我研究进行了阐释。有人认为，自我研究的目的旨在改进教师教育者的专业实践，如斯特菲尼·皮尼格认为："自我研究就是研究者们通过仔细观察自身的实践背景，系统搜集要呈现的数据，选择合适的研究方法，并向他人介绍在自身实践中形成的理解，以期最终完善和改进其自身实践质量的探究活动。"① 克拉克和埃里克森认为，"自我研究是教学专业人员对自己的专业实践进行了解、认识、探究、行动，知道怎样做的过程，是专业实践的基础，是教学和学习的原动本源，只有通过自我研究，专业人员才能认识、质询和改进自己的实践"②，并将其视为课程发生的"第五大要素"，是对施瓦布的"实践课程的四要素"（教师、教材、学生、环境）的补充。有人认为自我研究的目的旨在实现教师教育者的知识更新，如科斯尼科（Kosnik）、贝克（Beck）、弗里兹（Freese）和萨马拉斯（Samaras）等人认为，自我研究旨在帮助个人实现自我更新、专业更新和项目更新。还有学者拉博斯基（LaBoskey）强调自我研究的伦理道德目的，认为自我研究是一项道德的和价值负载（moral and value-laden）的工作，等等。

二是从研究对象出发阐释自我研究。顾名思义，"自我研究"的对象是"自我"。但是对于"自我"的理解，则是见仁见智，众说纷纭。有人将"自我"划分为五类："教学中的自我（self in teaching）""作为教师的自我（self as teacher）""作为教学研究者或教师研究者的自我（self as researcher of my teaching or of me as a teacher）""作

① PINNEGAR S. Introduction to Part I: Methodological perspectives. In Hamilton, M. L., et al. (1998). *Reconceptualizing Teaching Practice: Self-study in Teacher Education*. London: Falmer Press, 1998: 33.

② CLARK A, ERICKSON G. The Nature of Teaching and Learning in Self-Study. In Loughran, J. J., et al. (Eds.). *International Handbook of Self-Study of Teaching and Teacher Education Practices*. Dordrecht/ Boston/ London: Kluwer Academic Publishers. 2004: 59.

为教学研究、教师教育研究或教育研究者的自我（self as researcher of teaching，teacher education，or of educational research）”，以及“作为‘自我研究’的研究者的自我（self as researcher of self-study）”。① 有人认为“自我”除包括研究者自身外，还应包括与其相联系的他人，如汉密尔顿认为：“我们最感兴趣的是实践中的自我和他人，而不仅仅是自我。”② 自我研究除研究“自我”外，还要研究与“自我”相联系的他人，“自我研究也就表现为对曾经阅读过的文本、过往的经历、众所周知的东西和已有思想的再思考”③。还有人认为自我研究的对象是“教师教育者的教学理想和教学实践之间的鸿沟——‘鲜活的矛盾’（living contradiction）”，等等。

三是从研究方法出发阐释自我研究。从研究方法的角度进行阐释则是对自我研究的又一解读。有人认为：“自我研究不是特定方法的集合，而是一种研究专业实践背景的方法论。”④有人认为：“自我研究

---

① BAIRD B. Interpreting the What，Why and How of Self-Study in Teaching and Teacher Education. In Loughran，J. J.，et al (Eds.). *International Handbook of Self-Study of Teaching and Teacher Education Practices*. Dordrecht/ Boston/ London：Kluwer Academic Publishers. 2004:1445.

② PINNEGAR S，HAMILTON M L. *Self-study of Practice as a Genre of Qualitative Research Theory，Methodology，and Practice*. Dordrecht，New York：Springer Netherlands，2009:12.

③ HAMILTON M L，et al. *Reconceptualizing Teaching Practice：Self-study in Teacher Education*. London：Falmer Press，1998:236.

④ PINNEGAR S. Introduction to Part I：Methodological perspectives. In HAMILTON M L，et al. *Reconceptualizing Teaching Practice：Self-study in Teacher Education*. London：Falmer Press，1998:33.

是高等教育领域教师教育者使用的一种实践者探究形式。”① 还有人认为，它是系统地、严格地探讨某个体、某教师教育项目或某教师教育机构中存在的问题的实践探究，然后将实践理论化，并进一步将研究结果向教育共同体公布以便接受批评和赞扬，进而更加深入地理解教与学的原因。② 同时，通过这种严格、系统地探究专业实践来挑战教师教育的现状，以求重新理解教师教育，重塑教师教育实践。另有人倡导自我研究应该采用合作的方法，不仅要研究对教师教育者个体重要的实践问题，还要研究对教师教育者团体重要的实践问题，从而使得教师教育者能够超越个体自我，在与同事集体质疑和探索教学中的复杂性和可能性问题的过程中，相互交流各自的教学行为。③

随着教学和教师教育中参与自我研究的人员不断增多，兴趣范围不断扩大，约翰·洛克伦教授认为，自我研究已变成一种学术活动，进而满足个体们更好地理解“教学和教教学的本质”，借此“提升教师教育质量”的渴望。④

---

① SAMRAS A P, FREESE A R. *Self-study of Teaching Practices Primer*. New York: P. Lang, 2006: 13; COCHRAN-SMITH M & LYTLE S L. Practitioner Inquiry, Knowledge, and University Culture. In LOUGHRAN J J, et al (Eds.). *International Handbook of Research of Self-Study of Teaching and Teacher Education Practices*. Dordrecht: Kluwer, 2004: 602—649.

② TIDWELL D, FITZGERALD L. Self-study as Teaching. In LOUGHRAN J J, et al (Eds.). *International Handbook of Self-Study of Teaching and Teacher Education Practices*. Dordrecht/ Boston/ London: Kluwer Academic Publishers, 2004: 69.

③ LOUGHRAN J J. A History and Context of Self-Study of Teaching and Teacher Education Practices In LOUGHRAN J J, et al (Eds.). *International Handbook of Self-Study of Teaching and Teacher Education Practices*. Dordrecht/ Boston/ London: Kluwer Academic Publishers, 2004: 7—40.

④ LOUGHRAN J J. A History and Context of Self-Study of Teaching and Teacher Education Practices In LOUGHRAN J J, et al (Eds.). *International Handbook of Self-Study of Teaching and Teacher Education Practices*. Dordrecht/ Boston/ London: Kluwer Academic Publishers, 2004: 30.

由上可见，目前学术界对自我研究的概念界定多种多样，没有定论。尽管如此，我们还是可以从上述论述中筛选出有关“自我研究”的几个高频词汇——教师教育者、自我、教学实践、探究、合作等，将这些关键词汇进行串联，结合学术界的认识，我们不妨对“自我研究”试做如下界定：自我研究是指教师教育者为了不断更新教学实践，检验自身教学信念和行动之间的符合性，在教学中自觉地与学生、同事等他人展开对话与合作，采用访谈、观察、自传等多种方式，共同对自身教学实践问题与困惑展开的系列探究活动。教师教育者借此深化认识教学本质、开发教学新知、更新教学观念，然后进一步改进自身的实践和学习，最终促进自我专业发展和教师教育质量的提升。

二、自我研究的内涵特质

“自我研究”作为西方教师教育界的一种“新学术”，具有以往其他学术研究所不具备的新的内涵特质。同其他研究类型相比，“自我研究”在研究主体、研究对象、研究内容、研究方法、研究策略、研究目的、研究过程、研究结果等方面都有所不同。

（一）在研究主体上，自我研究实现了“教师教育实践者”和“教师教育研究者”的双位一体

在其他类型的教师教育学术研究中，教师教育实践者和教师教育研究者是分离的，这两种不同的角色要由不同的人来承担。实践者专注于教学实践，对理论研究不太关注，而研究者又专注于理论，不直接从事教学实践活动，如果处理不好，很容易造成理论研究和教学实践的脱节。

在自我研究中，“教师教育实践者”和“教师教育研究者”是双

位一体的，这两种不同的角色均由教师教育者一人承担。作为实践者，教师教育者要深入课堂，深入教学一线，面向教师开展教学工作；作为研究者，教师教育者又要跳出课堂，跳出教学一线，对自己的教学实践进行理论的总结和升华。这种集研究者和实践者于一身的角色，可以使教师教育者更好地理解、把握和研究自己的教育实践，实现理论和实践的无缝对接。

（二）在研究对象上，自我研究具有明确的实践取向，研究对象直指教师教育者的教育实践

和某些基础研究注重研究的理论取向不同，自我研究具有明确的实践取向，并将专业实践情境作为探究的场所。自我研究的对象直指教师教育者的教育实践。教学实践既是自我研究的逻辑起点，也是自我研究的最终归宿。说它是起点，是因为一切自我研究的开展都要从教师教育者的教学实践出发，围绕教学实践展开，重点研究教师教育者在教学实践中所遇到的问题。说它是自我研究的归宿，是因为一切自我研究的最终目标都要指向并促进教学实践的发展。在自我研究中，教师教育者通过与同事、教师以及其他合作者之间的合作，边教学边反思，教学实践—教学反思—教学实践，每次反思都要高于上一次的反思水平，如此不断循环，使反思贯穿于教学实践的全过程，从而解决教学问题、获得教学新知、积累教学经验，不断推动教学实践向前发展。

（三）在研究内容上，自我研究的范围非常广泛，包含了教师教育实践中的一切困惑、挑战和感兴趣的问题

教师教育领域其他类型的学术研究，研究内容相对明确、集中，而自我研究中，研究内容则相当广泛。教师教育者要通过自我研究研究自身的教育实践，而实践中的内容则是包罗万象、丰富多彩的。广义上讲，实践包含了“一个人在实践背景中为发挥某种角色所做的一切”①，这意味着教师教育实践中的很多东西都可以研究，如研究教师教育者自我在机构中的角色，研究课堂中师生双方的教学互动，研究教师教育计划的制订、认可、实施、完善等课程实践，研究与教学相联系的大学教育体系，研究教师教育者在教师教育政策出台中的作用，等等。总之，教师教育实践中的一切困惑、挑战以及感兴趣的问题，均可作为自我研究的内容。

（四）在研究方法上，所有有利于促进教师进行自我研究的方法都可以囊括其中

自我研究的方法是多种多样的，它不排斥其他方法，只要能够促进自我研究顺利进行，所有适合的研究方法均可考虑，如叙事、生活史、传记、教学日志、网络博客、行动研究、自我反思、田野日记、信件交流、教育佳话、教育故事等。自我研究学者拉博斯基认为，采用多样的、主要是质性的研究方法是自我研究方法论的重要特点之一。②

（五）在研究策略上，自我研究关注与“他人”的合作交流和实践中的身体力行

较之传统的教学反思，自我研究在研究策略上更为突出研究的合作性和交互性。在传统的教学反思中，教师教育者通常采用“单兵作战”的方式进行，很少与他人进行合作和交流，这种研究方式相对呆

---

① PINNEGAR S, HAMILTON M L. *Self-study of Practice as a Genre of Qualitative Research Theory, Methodology, and Practice*. Dordrecht, New York: Springer Netherlands, 2009: 27—29.

② LABOSKEY V. K. The Methodology of Self-Study and its Theoretical Understandings. In LOUGHRAN J J, et al (Eds.). *International Handbook of Self-Study of Teaching and Teacher Education Practices*. Dordrecht/ Boston/ London: Kluwer Academic Publishers, 2004: 849.

板、封闭，不利于教学双方心灵的互动和思想的沟通，也不利于同行间教学经验的分享交流，更不利于教师教育者专业能力的共同发展。而自我研究则倡导寻找学生等作为“批判性朋友”为自己提供反馈，寻求同事的解释作为备择性观点，并且阅读相关文献为自己的研究提供理论支撑，体现教师教育者之间、教师与学生之间、教师教育者与文本之间的合作、对话和交流。教师教育者通过与学生之间心与心的对话，与同行之间教学经验的分享和探讨，实现共同发展和提高。

注重教育过程中的身体力行是自我研究的另一重要策略。之所以把“身体力行”作为自我研究的重要策略，原因有二：一是教师教育的培养对象是教师，而教师要讲究为人师表，教师教育者只有身体力行，才能为人师、为人范，为教师树立榜样；二是自我研究是一种面向实践的研究类型，只有在教学实践当中身体力行，才能真正体验教师教育的喜与悲、苦与乐，才能积累真实可信的教学经验，才能为自我研究的开展奠定扎实的实践基础。身体力行不仅表现在教师教育的课堂上，有时还要深入到中小学，甚至是幼儿园的课堂，教师教育者通过在课堂上的身体力行，给教师树立典范。

（六）在研究目的上，自我研究不仅追求教师教育者自我的专业发展，还追求和教师教育者相关的“他人”的素质发展

如前所述，由于自我研究关注同他人（同事、学生）的合作和交流，所以自我研究在目的上，不仅要实现教师教育者的专业发展，实现在教学、学习、研究等方面的提升，还要通过示范、交流等方式实现相关“他人”，如学生和同事等的发展，并力求建立一个发展的共同体，从而实现多赢。这一点也是自我研究不同于其他研究的特别之处。

（七）在研究过程和结果上，自我研究强调研究过程公开透明，研究结果与同事等人分享，接受读者评判

自我研究建立在反思基础之上，是一种个体化的思维、提炼、重构和开发行动的过程，但它又超越个体反思，注重情境和过程，强调将研究过程公开、透明，与学生等他人真实记录每一步，一起实现从内向外和从外向内理解教学，同时表达从实践中学到了什么，进而重构情境和相关的情境中人。此外，自我研究的结果也公开与同事等他人分享，接受他人的评判，从而验证研究的价值。这种公开性、透明性、分享性是自我研究的特色和可贵之点。

自我研究流派及方法论的领军者洛克伦和诺斯菲尔德（Loughran & Northfield）将自我研究的要义概括为如下诸多方面。①

一是自我研究界定了研究的中心（即个人活动的情境和本质），而非研究实施的方式。

二是尽管自我研究这个术语表明它是一个个体研究，但是我们认为，有效的自我研究需要与他人一起检查资料和相关的诠释。

三是在研究自己的经历时，个体很难改变自己的诠释（即参照架构的）。

四是工作中，同事设计体验的方式可能并不是正在实施研究的研究者所思考的。

五是当自我研究成为一种分享时，有价值的学习就会出现。

六是自信非常重要。

七是自我研究的结果需要立刻付诸行动，这样研究的焦点就会不断地变化。

---

① HAMILTON M., et al. *Reconceptualizing Teaching Practice: Self-study in Teacher Education*. London: Falmer Press, 1998: 11—16.

八是自我研究和对实践的反思是有区别的。

九是在自我研究的资料收集过程中，研究者会遭遇各种困难、压力和失望。

十是如何写自我研究报告，读者是决定性因素。

维基·拉博斯基（Vicky LaBoskey）教授认为，自我研究具有如下鲜明特征：自我发起和自我关注的；以改进为目的；互动性；方法多元，以质性为主；评审以范例为基础。① 萨马拉斯和弗里兹（Samaras & Freese）认为，自我研究的核心特征表现为：情景化探究；过程；知识；理论、方法和目标多元化；矛盾性，个体和集体、个人和人际间、私人和公开。②

第二节 自我研究发展的历史脉络

教师教育者的“自我研究”初创于20世纪90年代，以1993年美国“教师教育实践自我研究特别兴趣小组”成立为标志。此后，自我研究在西方获得了迅速发展。目前，在学术组织、研究队伍、学术活动、研究成果等方面，自我研究均具备了可观的规模和水平。虽然“自我研究”的产生是二三十年前的事，但其萌芽却可追溯到几十年前。

① LABOSKEY V K. The Methodology of Self-Study and its Theoretical Understandings. In LOUGHRAN J J, et al (Eds.). *International Handbook of Self-Study of Teaching and Teacher Education Practices*. Dordrecht/ Boston/ London: Kluwer Academic Publishers, 2004: 842—853.

② SAMARAS A P, FREESE A R. *Self-study of Teaching Practices Primer*. New York: P. Lang, 2006: 40—53.

一、自我研究的萌芽

早在“自我研究”诞生之前，自我研究的思想就开始在教师教育领域酝酿了。20 世纪 60 年代之前，受实证主义、行为主义的影响，客观知识观在教师教育领域占据了主导，这种知识观认为：知识建构的主体是大学研究者而非一线教师，教师不具有探究知识的能力，他们只是教育知识的传授者、执行者。在这种知识观的作用下，教育研究和教育情境是脱离的，教育理论往往不能解决实际问题，教育研究一度陷入困境。这为自我研究的产生提供了条件。

20 世纪 60 年代以后，在后现代主义哲学、生命哲学、批判哲学等的指导下，主观知识观取代客观知识观在教师教育领域占据了主导，这种知识观开始质疑大学研究者生产知识的权威性，认为教师也可以成为知识建构的主体。在此背景下，行动研究、教师研究、反思性实践等研究范式蓬勃兴起，这些研究范式大力倡导教师进行反思，主张教师成为研究者，这些都为“自我研究”的产生做了最初的酝酿。

（一）行动研究的发展，为自我研究的产生奠定了基础

行动研究主要指情境的参与者基于解决实际问题的需要，与专家、学者或组织中的成员协力合作，以问题为研究对象，以解决问题为目的进行的系统研究。行动研究兴起于 20 世纪 30 年代，由美国联邦政府印第安人事务局局长科利尔（J. Collier）最先使用，后经美国社会心理学家科特 · 勒温进一步发展，先后广泛应用于社会各个领域。

在英国，课程学家斯腾豪斯（L. Stenhouse）将其运用于教师教育领域，首先提出了“教师应成为研究者”的口号，认为“教师是课

堂的负责人，而课堂正好是检验教育理论的理想的实验室。较之那些钟情于自然观察的研究者而言，教师是当之无愧的有效的实际观察者。无论从哪个角度来理解教育研究，都不得不承认教师充满了研究机会”。① 他大力倡导教师开展行动研究，并将行动研究定义为“事先设计好的，系统、持续且具有自我批判性质的探索，它必须接受公众的批评并在合适的场合接受经验的检验”②。1967 年至 1972 年，他组织实施了长达五年的人文课程计划，为“教师作为研究者”运动的深入开展提供了卓越的范例。作为斯腾豪斯人文课程计划中的另一位核心人物，约翰·埃利奥特也于 1972 年至 1975 年设计并指导实施了福特教学计划，倡导“教师成为行动研究者”，鼓励教师只有从自己的教学实践中提出问题、解决问题才能获得专业自主与发展。此后，学者凯米斯等人从“专业自主”角度出发，提出“教师成为解放性行动研究者”，从而拓展了教师的专业自主。

行动研究倡导合作、互动和对话，对自我研究产生了强烈影响，为自我研究提供了一种进行系统探究自己教学实践的方法，③ 并吸引教师教育者参与行动研究去检验自己的教学和学生的学习，将之作为进行变革的基础。正是从这个意义上，行动研究被视为一个“有用的自我研究的工具”。

---

① 转引自高慎英：《教师成为研究者——教师专业化问题探讨》，《教育理论与实践》，1998 年第 3 期，第 32—35 页。

② ［英］詹姆斯·麦克南：《课程行动研究》，朱细文等译，北京师范大学出版社，2004 年，第 4 页。

③ FELDMAN A，PAUGH P，MILLS G. Self-Study through Action Research. In LOUGHRAN J J，et al (Eds.). *International Handbook of Self-Study of Teaching and Teacher Education Practices*. Dordrecht/Boston/London：Kluwer Academic Publishers，2004：970.

（二）教师研究的兴起，为自我研究提供了重要参照

美国学者莱特尔和科克伦·史密斯（Lytle S. L & Cochran-Smith M）继承了斯腾豪斯的思想，将教师研究界定为“由教师在自己的学校和课堂中进行的系统的、有目的的探究，具有获得一些教师专长的潜力，并为大学和学校共同体提供独特的对教和学的认识”。他们强调，教师可以进行经验研究和概念研究。经验研究包括搜集、分析、解释他们从自己的学校或课堂搜集到的数据，可采取日志、口头探究或研究、概念研究等形式；概念研究包括理论工作或分析思想，教师注重搜集或反思自己的经验，并形成关于教学、学习或学校教育的认识，其典型形式是关于课堂和学校生活或关于研究本质的杂记。他们认为：“教师研究可以成为一种合法的教学研究形式，而且它提供了一种不同的教学知识基础和教学认识论。”① 教师研究能开发本土知识和公共知识，为广大中小学教师、大学教师、政策制定者、学校管理者等团体所用，是教师审视和丰富实践理论的最佳途径，为教师提供了一扇洞察教学、学习和学校教育认识的窗。教师研究的兴起，为自我研究提供了重要参照。

（三）反思性实践的发展，直接推动了自我研究的产生

“反思”思想可以追溯至杜威。杜威认为反思是最好的思维方式，倡导教师进行反思性教学。但是，20 世纪 80 年代之前，杜威的反思性教学思想在教师教育中并未引起人们太多的注意，直到 1983 年，美国学者舍恩“反思性实践者”思想的提出，才真正引发反思热潮。舍恩认为，当人们试图处理令自己困惑、麻烦或有趣的问题时，他也同

---

① LYTLE S L, COCHRAN-SMITH M. Inquiry, Knowledge, and Practice. In HOLLINGSWORTH S, SOCKETT H. *Teacher Research and Educational Reform: Ninety-third Yearbook of the National Society for the Study of Education*, Part I. Chicago: The University of Chicago Press. 1994:28—39.

时会对其行动中隐含的理解进行反思，揭露、批判、重组这些理解并将其融入未来的行动之中。专业教育面临的挑战之一就是要关注行动中的反思和认识，因此，专业教育应聚焦于提升实践者的“行动中反思”的能力。

在反思性实践思想的影响下，教师们广泛研究自己的实践。到 20 世纪 80 年代末期，大学研究者们也开始使用传记式的探究、个人史、生活史、叙事探究等方法去更好地理解自己的实践。这些研究方法为教师和教师教育者们合并相似方法系统研究自己的实践奠定了基础。他们开始批判地反思自己的实践，并有意识地、创造性地参与自己的成长和发展。教师反思性实践的发展，对自我研究产生了直接影响。

此外，课程领域的概念重建运动以及西方教育研究逐步引入自然主义和质性研究方法①，并重新将有效性界定为可信性或准确性②，将情境、过程和关系的问题移向探究的中心等，也对改变教师教育者的认识起到了重要促进作用。上述综合因素的作用在 20 世纪 80 年代末汇合，一批共同关注教学和教师教育实践，遭遇获得终身教职和晋升机会困难的教师教育者们推动了自我研究的正式化进程。

二、自我研究的创立

20 世纪 70 年代，尽管曾有部分欧洲学者（如 Bob Koster、Mieke Brieklmans、Fred Korthagen Wilson）陆续对教师教育者展开过研究，但教师教育者作为一个群体一直没有获得人们的关注，教师教育者的

---

① ［美］埃伦·康德利夫·拉格曼：《一门捉摸不定的科学：困扰不断的教育研究的历史》，花海燕等译，教育科学出版社，2006 年，第 222 页。

② Jr. BULLOUGH R V，PINNEGAR S. *Guidelines for Quality in Autobiographical Forms of Self-Study Research*. Educational Researcher，2001，30(3)：13—21.

专业培训也极少开展。正如布赫贝格尔（Buchberger）所说："大部分教师教育者在教学方法、与人合作、成年学习者（如准教师和专业教师）的学习等方面几乎没有接受任何专门的教育和培训，教师教育中出现的诸多问题或许就源于对教师教育者的培养与培训倍受忽视这一事实。"①

从20世纪90年代开始，情况发生了改观。1992年，美国教育研究协会（AERA）的Division K会议上，一个由亚利桑那小组所做的有意思的专题论坛得到了来自荷兰乌特列支大学弗雷德·科瑟根（Fred Korthagen）教授的评论②。该论坛名为"举起镜子：教师教育者对自身教学的反省"。论坛报告人公开阐明他们所做的个人努力——帮助其学生学教学，同时也质疑他们自己所从事的教学的方式和本质。他们质疑很多被认为理所当然的假设，认为这些假设否定了教师教育声称要做的事情的本质——教教学。该论坛的思想和对教师教育者的关注看起来"似乎是一个特别的、美好的、幸运的瞬间——在恰当的时间和恰当的地点提出了恰当的问题"③。自此开始，一个一直发挥着重要作用但长期被忽视的群体——教师教育者，从此走进了人们的视野。尽管在当时，并没有明确地提出对教师教育开展自我研究，但作为反思概念的拓展，自我研究已经在其他教师教育研究者的

---

① KORTHAGEN F，LOUGHRAN J，LUNENBERG M. *Teaching Teachers—Studies into the Expertise of Teacher Educators: An Introduction to this Theme Issue*. Teaching and Teacher Education，2005，21(2)：107—115.

② 小组成员有：Guilfoyle，1992；Hamilton，1992；Pinnegar，1992；Placier，1992，集体被称为"亚利桑那小组"和Russell，1992.

③ LOUGHRAN J J，et al. *Improving Teacher Education Practice through Self-study*. London；New York：Routledge Falmer，2002：240.

工作中得到了鼓舞和发展。①

从这次专题论坛开始，越来越多经历类似的教师教育者不断进行聚会。论坛期间，一位听众认为需要成立一个小组，于是在1993年的AERA会议上，由教师教育者兴起的“教师教育实践自我研究特殊兴趣小组”（The Self-Study of Teacher Education Practices Special Interest Group，简称SIG）宣告成立。该组织成为教师教育者集体反思教学行为，提出原创性教学理论，提高教师教育实践效率的重要机构，自创立至今已举办过多次国际性会议。随着这一组织影响力的增大，世界范围内掀起了一场教师教育者实践自我研究的热潮。SIG的成立，标志着自我研究正式诞生。

三、自我研究的发展

在1994年召开的AERA会议上，自我研究作为一个术语首次出现在会议索引中，这标志着自我研究迈出了走向正式化的第一步。其后发生的教师教育自我研究运动，标志着自我研究获得了重要发展。正如美国全国教育研究协会副主席蔡克纳（Ken Zeichner）在年会致辞中所说：“教师教育学术中一个重要的发展就是越来越多的关于教师教育的研究由那些实际从事教师教育工作的人展开，1990年前后，教师教育自我研究运动的诞生已经成为教师教育研究领域独特的最重要的发展。”②

自我研究另一个重要发展是第一届自我研究国际会议的召开。该

---

① 例如：Zeichner，1983；Tom，1985；Zeichner and Liston，1987；Grimmett and Erickson，1988；Clift，Houston and Pugach，1990；Russell and Munby，1992；Calderhead and Gates，1993；Laboskey，1994.

② ZEICHNER K. *The New Scholarship in Teacher Education*. Educational Researcher，1999，28(9)：4—15.

会议由加拿大女王大学（Queen's University）和 AERA 教师教育实践自我研究特殊兴趣小组主办，在英国东萨塞克斯郡的赫斯特蒙索城堡（Herstmonceux Castle，East Sussex，England）举行，因此也得名 Castle Conference。该会议历时四天多时间，代表们来自四大洲（大洋洲、欧洲、北美洲和南美洲），80 位参与者介绍了论文，展示了这种活的且有特种气息的自我研究思想，在对自我研究从哲学到方法论，从例子到过程和实践的理解方面发挥了重要作用，并最终出版了《重建教学实践：教师教育中的自我研究》。此后，该会议每两年举行一次。

第一届自我研究国际会议的召开揭开了自我研究作为学术发展的序幕。此后，关于自我研究的著作不断涌现，自我研究在学术界的地位不断提升。具体表现在，2004 年，被蔡克纳教授誉为“重要里程碑”的著作——《教学和教师教育实践自我研究国际手册》（两卷本，以下简称《手册》）问世，该书对自我研究领域进行了系统回顾。密歇根大学理查森教授认为，《手册》一书的出版，意味着自我研究正成为教育研究中一个正统的、权威的和有价值的研究。2005 年，教师教育实践自我研究的国际期刊——《教师教育研究》创刊。该期刊和《手册》一道引发了教师教育界对自我研究的持续关注和兴趣。此外，教师教育研究者们还在一些颇具声望的教育杂志，如《哈佛教育评论》（*Harvard Educational Review*）、《课程探究》（*Curriculum Inquiry*）、《师范学院报告》（*Teachers College Record*）上不断发表文章，体现了自我研究在曲折发展中被学术界不断认可。

尤为值得一提的是，自 2005 年开始，由澳大利亚莫纳什大学约翰·洛克伦教授担任总主编的十卷本“教学和教师教育实践自我研究”丛书陆续出版。丛书中来自各国的自我研究者提供了丰富、翔实的自我研究案例和成果，为教师教育者如何做自我研究树立了典范，是对《手册》的重要补充。《为了教师教育者的自我研究方法论》① 《实践自我研究的研究方法》② 等著作的出版，进一步丰富了教师教育者实践自我研究的方法论。

在诸多国际自我研究者们的努力下，如今的教师教育实践自我研究特殊兴趣小组已发展成为 AERA 中最大的特殊兴趣小组之一。丰硕的自我研究成果促进了自我研究者们的发展，更滋养和激励了无数普通教师教育者认识自己、关注自己、提升自己。

第三节　自我研究的目的、内容与方法

一、自我研究的目的

关于自我研究的目的，学术界存在不同的表述。有的认为自我研究的目的旨在改进教师的专业实践，有的认为自我研究的目的是实现教师教育者的专业知识更新，还有的认为自我研究在于"帮助教师教育者生成一种严谨反思的模式"③。

笔者认为，上述对自我研究目的的表述虽然不同，但都从某一侧面、某一角度丰富了我们对自我研究的认识，具有内在的一致性，即自我研究都是为了促进教师教育者的专业发展，从而有助于培养高质

---

① LASSONDE C A, GALMAN S, KOSNIK, C. *Self-Study Research Methodologies for Teacher Educators*. Rotterdam: Sense Publishers, 2009.

② FITZGERALD L, HESTON M, TIDWELL, D. *Research Methods for the Self-study of Practice*. Dordrecht: Springer Netherlands, 2009.

③ LARSEN M A. *Self-Study Research in a new school of education: moving between vulnerability and community*. Studying Teacher Education, 2007, 3 (2): 173—187.

量的教师。这是自我研究的总目的，这一目的又可分解为四个分目的。

（一）自我研究旨在促进教师教育者改进教学实践，提高教学示范能力

自我研究认为，教学是一门不确定的艺术，“是一项高度复杂的、变化不居的活动，需要不断地调整和适应”①。这就决定了教师教育者开展研究的目的之一就是要改进教学实践。

改进教学实践首先要关注教学实践，要关注教学实践中出现的各种问题和困惑，如教师教育者“如何提升自己的教学”“如何帮助师范生发展得更好”“如何在教学实践中更充分地体现自我价值”等基本问题。尤其要关注“失败”的教学，在促进教师教育者专业发展这一点上，它和成功的教学具有同样的意义。正如杜威所说：“失败不仅仅是失败。它是有教育意义的。一个真正思考的人从失败所学与从成功所学几乎一样多，因为失败意味着那个人的思维已经介入。”②教学实践的改进主要体现在教师教育者教学示范能力的提高上。示范能力是教师教育者必备的能力。教师教育的培养对象是教师，而教师要讲究为人师表，教师教育者只有身体力行，才能为人师、为人范，为师范生树立榜样。学者丁克尔曼（Dinkelman）强调认为，师范生更多是从老师的“行”中学习教学，学习老师的教学方法和方式，教学的目的在于培养学生的反思性思维，而学生也正是在老师的反思中学习反思。

---

① LABOSKEY V K. The Methodology of Self-Study and its Theoretical Understandings. In LOUGHRAN J J, et al (Eds.). *International Handbook of Self-Study of Teaching and Teacher Education Practices*. Dordrecht/ Boston/ London: Kluwer Academic Publishers, 2004: 820.

② 转引自：LOUGHRAN J J, et al. *Improving Teacher Education Practice through Self-study*. London; New York: Routledge Falmer, 2002: 246.

（二）自我研究旨在促进教师教育者加强教学研究，提高教学反思能力

教师教育者的专业发展主要表现在两个方面：一是教学能力的增强，二是研究能力的提高。因此，促进教师教育者加强教学研究，提高教学反思能力是自我研究的又一目的。

教师教育者的科研要围绕教师教育者的教学实践展开，即所谓的“教学研究”。教学研究要针对教学实践中的矛盾、困惑和问题展开，最终的研究成果要在课堂和教学实践中进行检验，并指导教学实践的顺利发展。

教学研究的开展离不开教学反思，教学反思是开展教学研究的有力工具。通过教学反思，教学中的实践知识得以总结、提炼和发展，使教师教育者对自身教学实践的认识不断得以深化。同时，教学研究的开展，反过来又促进了教师教育者教学反思能力的提高。

（三）自我研究旨在挖掘教师教育者的实践知识，提升实践智慧

教师教育者的实践知识是指其在实践活动中形成的有关怎样教的知识，它具有实践性、个体性、情境性、默会性、生成性、道德性等特征。它们在教师教育者的实际教学中发挥着重要作用，作为实践者的教师教育者以外的他人难以获得这种知识。

自我研究就是帮助教师教育者通过系统探究、检验教学和学习实践，反思和更新已有教学观念，从中开发这种知识，而且要将其表述出来，这样“一方面可以使参与自我研究的教师教育者更好地了解这种知识；另一方面，也能够让他人从中得到启发”①。尽管这是个艰难

① LOUGHRAN J J. *Researching Teacher Education Practices*：*Responding to the Challenges*，*Demands*，*and Expectations of Self-Study*. Journal of Teacher Education，2007，58(1). 12—20.

的过程，但一旦克服这个困难，将能够帮助教师教育者不断积累教学经验，通过概念化形成教育教学理论，并提升实践智慧，形成“同善恶相关的、合乎逻辑的求真的实践品质”①。实践智慧中包含普遍的知识和更重要的与实践相关的具体的知识将有效指导教师教育者开展更具智慧的实践，积累更多的知识。舒尔曼十分重视实践智慧，将其视为构成教学的知识基础之一，并认为它也是最末得到系统整理的。②

（四）自我研究旨在增进教师教育者的道德认识，提升教学的道德性

教学是一项道德的事业。自我研究是教师教育者在工作中不断检视其自身教学观念和行为的一致性，不断打破现状，不断改进提升，寻求和谐，追求更好教学，惠及更多他人的过程。教师教育者在“实践—反思—解释”的循环中不断产生“鲜活的教育理论”，不断推进教学和育人朝更加道德的方向努力，潜移默化地影响和带动师范生体会教学的意义性、发展性，寻求更高的道德性，从而在其未来的教学中实现“没有最好，只有更好”。

同时，如玛丽莲·科克伦·史密斯等所言，“我们已经进入这样一个阶段：教师教育和社会正义成为主流教师教育领域讨论的主题”③。教师教育者作为其中的重要成员，正在通过为党育人、为国育才产生鲜活的教育理论，为建立高质量的教育体系，提升社会文明、

---

① ［古希腊］亚里士多德：《尼各马可伦理学》，廖申白译，商务印书馆，2006 年，第 173—176 页。

② 舒尔曼认为教学的知识基础有四个主要来源：（1）所教学科的学问；（2）制度化的教育过程的材料和背景；（3）正规教育的学问；（4）实践智慧。详见 SHULMAN L. *Knowledge and Teaching: Foundations of the New Reform*. Harvard Educational Review，1987，57(1)：1—21.

③ ［美］玛丽莲·科克伦·史密斯，等：《教师教育研究手册：变革世界中的永恒问题（第三版）》，范国睿等译，华东师范大学出版社，2017 年，第 197 页。

道德、正义贡献力量，而自我研究将在促进其不断提升这些能力方面发挥重要作用。

二、自我研究的内容

自我研究是教师教育者在教学实践中对所遇到的各种问题的探究，自我研究的内容是相当宽泛的。一般来说，教师教育者实践中所遭遇的一切问题、困惑、挑战及兴趣、矛盾等都可以成为自我研究的内容。这些内容普遍指向“教师教育者自我和实践之间的矛盾空间”①。这些矛盾空间，如教师教育者的信念与行动之间的矛盾，教师教育者自己对实践的解释与他人对实践的解释之间的矛盾，更大的历史和机构情境对课堂中个人的、局部的空间的影响，公共生活与教师教育者私人生活之间的矛盾，公共理论与教师教育者私人行动之间的矛盾，已知的实践知识与尚待理解的实践知识之间的矛盾，数据和对数据的解释之间的矛盾，显性知识与隐性知识之间的矛盾，等等。不同阶段教师教育者开展自我研究的内容也彰显了不同取向，大致可以分为以下几个取向。

（一）课堂教学取向

主要研究教教学和学教学活动本身的特点，以及影响这些活动的因素，关注教学技能、技巧、方法、策略等的运用，关注教学行为的有效性和如何改变等。

（二）师范生发展取向

分析考虑如何促进师范生发展教育教学知识的丰富、研究与实践

---

① PINNEGAR S, HAMILTON M L. *Self-study of Practice as a Genre of Qualitative Research Theory, Methodology, and Practice*. Dordrecht, New York: Springer Netherlands. 2009:13—14.

能力的提升、专业精神和专业情感等的培养，等等。

（三）教师教育者发展取向

研究与教师教育者自身成长相关的因素，如专业知识和专业能力的发展，示范作用的发挥、职业幸福感的增强等。

（四）教师教育改革取向

关注各级教师教育项目、计划、政策等的实施与更新等。

（五）人际关系取向

关注如何形成融洽的师生关系、同事关系、教学文化、与领导的关系、与中小学和社会的关系等。

由此观之，教师教育者开展自我研究的范围十分广阔，只要有利于提升教学实践的问题都可以成为自我研究的内容。

教师教育者一旦确定了某个研究问题，就会以解决该问题为目的，以对结果进行提问的方式对自己和学生就该问题的思考和反应进行探究，收集各类与这个主题相关的资料和数据，努力揭示存在于自身的教学矛盾，不断改变教学行为，试图找到对此问题理解的最优方案。教师教育者通过自我和学生的亲身实践，进一步加深了其对自我、学生及教育教学实践活动复杂性的理解，并由此获得教学新知、积累教学经验、提升实践智慧，为今后在教学中更好地言传身教、培养造就高素质师范人才奠定了基础。

三、自我研究的方法

自我研究的内容十分丰富，不同的内容又有不同的研究方法，方法多元是自我研究的一个显著特征。教师教育者可根据研究需要灵活选择合适的研究方法，不拘一格，重在实效。以下介绍几种自我研究中常用的方法。

（一）教师叙事

教师叙事是近年来颇受我国教育领域关注的研究方法之一，而教师以研究者身份从事叙事更是大有方兴未艾之势。所谓叙事，就是讲故事，教师叙事就是教师在研究过程中用叙事方法记录自己所经历的教育事件。有学者把叙事内容分为三类：第一类是教师对某个教育问题解决过程的直接记录；第二类是教师对某个教育事件的反思；第三类是"自传"叙事，叙述自己成长与发展的"心路历程"。这些"故事"样式的实践记录是具体的、情境性的，活灵活现地描绘出教师的经验世界，是教师心灵成长的轨迹，是教师在教育教学活动中的真情实感。教师进行叙事研究既不是为了检验某种已有的教育理论，也不是为了构建新的教育理论，更不是炫耀研究的成果，而是以自我叙述的方式来"检点"自己的教育教学活动，改进自己的行为，提高教学质量。教育叙事研究的基本特征是作为研究者的教师以叙事、讲故事的方式表达自己对教育的理解和解释。在自我研究中，一些教师教育者通过叙事理解自己的经验，进而促进对自身专业发展和教育图景的理解。

（二）生活史方法

生活史方法是传记研究法中的一种，主要是以个体的生活故事为资料，分析教师个体生活的现实与过程同社会、历史、文化等之间的关系。近年来，生活史研究等正在成为教育研究的热点，主要用于考察教师生活在专业发展中的作用。英国学者艾沃·古德森（Ivor F. Goodson）等强烈支持在教育研究中应用此方法，认为"一个更有价值和较少薄弱的起点应该是在教师的生活背景中考察教师的工作"。他们认为，生活经历和背景是形成自我感的关键因素，我们将自我投入到教学、经验和背景的程度有多少，我们就在多大程度上界定我们的实践。① 自我研究中倡导教师教育者将传记与历史、自我与他人、理论与实践、个人困惑和公共问题等相结合，将自己定位在复杂的关系之中。借助生活史方法将能有效帮助了解教师教育者的生活对其专业发展的影响，这将成为认识教师教育者的崭新视角。

（三）案例研究

案例研究是对某一环境、某一个对象、某一组文献或某个具体时间的细致研究。② 案例研究的主要目的在于探索、描述、解释和评价。最显著的特征是描述客观世界的真实情境，并以客观的态度收集有关案例的背景、材料、调查访问结果和相关人员作出的评定和反应。它是自我研究中常用的一种方法，与传统质性研究中使用的案例研究差别不大，但重要的是它的重心是关注与实践相联系的自我。

（四）教学反思

所谓教学反思，是指教师对教育教学实践的再认识、再思考，通过教育案例、教育故事或教育心得等总结经验教训，进一步提高教育教学水平。教学反思的类型可分为纵向反思、横向反思、个体反思和集体反思等，反思方法有行动研究法、比较法、总结法、对话法、录像法、档案袋法等。目前，教学反思已成为教师提高个人业务水平的一种有效手段，也是自我研究中常用的信息收集和反馈的策略与方法之一，为教师教育者不断认识与改进自身教学实践提供了有力证据。

（五）日志

学者科克伦·史密斯和莱特尔认为，日志可用于教师们记录教学过程和课堂经验，“日志是对课堂生活的报告，随时间变化记录教师

---

① 参见［美］威廉·派纳，等：《理解课程》，张华等译，教育科学出版社，2003年，第579—586页。

② 参见［美］罗伯特·波格丹，萨莉·诺普·比克伦：《教育研究方法（第四版）》，钟周等译，中国人民大学出版社，2008年，第49页。

们的观察、经验的分析和对实践的反思与解释，它融合了描述和持续的评论与分析”。他们还认为，“日志直接捕捉教学：体现教师们对师生在课堂中发生的事情及其对继续实践的意义的感知”①。在自我研究中，研究者借助日志详细记录教学的每一天和每件事，以及对这些实践的反思和解释，它看起来是感情、解释和判断等的自然流露。作为一种写作工具，日志为作者提供了袒露其个人感觉和观点的空间。

除上述方法外，访谈、观察、田野日记、电子邮件、博客、微博、抽象拼贴画、舞蹈、音乐等也都普遍应用于自我研究中。自我研究的特色之一就是它“像一把大伞把众多的研究方法包容其中，而不像其他研究把研究方法囿于有限的几种”②。

第四节　自我研究的意义

自我研究对教师教育者具有重要作用。自我研究的开展，对于教师教育者认识和了解自我，加强自我与他人、理论和实践、教学和研究之间的沟通，进而促进自身专业发展等都具有重要的意义。

一、自我研究对教师教育者的“认识”意义

自我研究对于教师教育者具有重要的“认识”意义。这里的“认识”主要包括两个方面：一是认识“自我”，二是认识“实践”。

---

① PINNEGAR S, HAMILTON M L. *Self-study of Practice as a Genre of Qualitative Research Theory, Methodology, and Practice*. Dordrecht, New York: Springer Netherlands, 2009: 118.

② LOUGHRAN J J. A History and Context of Self-Study of Teaching and Teacher Education Practices. In LOUGHRAN J J, et al (Eds.). *International Handbook of Self-Study of Teaching and Teacher Education Practices*. Dordrecht/ Boston/ London: Kluwer Academic Publishers, 2004.

（一）有助于教师教育者认识“自我”，从而不断追求“合适的教学”

帕克·帕尔默说，教师教育者在教学中的困惑源自三个方面：认识学科、认识学生和认识自我。认识自我是认识学科和学生的前提和基础，但在实践中却常遭忽视。① 不了解自我的教师教育者也就无法了解他们的学生，无法读懂、吃透所教的学科，更无法体味职业的意义和生命的价值。自我研究是教师教育者认识自我的重要方式，它使教师教育者能够清醒地认识自己，认识自己的教学现状和教学期待间的差距，从而不断追求“合适的教学”——在某个特定时间、特定情境、面对特定的师范生群体而言的“最好教学”。这里的“最好教学”是教学的“合目的性”和“合规律性”的有机统一，既要突出对未来教师专业素质的培养，又要遵循学习者的学习规律和身心成长规律。随着时境的变迁，“最好教学”的含义也会随之发生变化。这时，教师教育者又要重新研究和追求新的“合适的教学”，这也正是教师教育者常教常新的关键所在。

（二）有助于教师教育者认识“实践”，深化对实践性知识的理解

进行自我研究有助于教师教育者逐步培养和发展自己对教学实践的判断、思考和分析能力，从而进一步深化自己的实践性知识。换言之，开展自我研究有助于教师教育者立足教学实践，深入钻研、体会教学理论，从而不断提高自身专业素质和能力。有人认为，教师教育者的成长＝实践经验＋自我研究，我认为有一定道理。例如，有的教师虽然从教数年，但课堂教学的效果一直没有达到最佳状态，为什么呢？就是因为对教学实践的研究不够重视，没有找到教学问题的症结

---

① 参见［美］帕克·帕尔默.《教学的勇气：漫步教师心灵》（十周年纪念版），吴国珍等译，华东师范大学，2014 年，第 2—3 页。

以及合适的对策。对于教师教育者而言，理论知识和专业水平固然重要，但驾驭课堂教学的能力更是必不可少。教师教育者如果缺乏对教学实践中存在的问题进行自我反思的意识，就很难掌握、驾驭课堂教学的能力。通过开展自我研究，教师教育者可不断剖析和思考教学中存在的问题，探求解决问题的对策。久而久之，已有的经验不断积累，驾驭课堂教学的能力逐渐形成。所以，只有通过开展自我研究，教师教育者的经验才能不断得到理论的升华，教学的实践性知识才能不断得到深化。

二、自我研究对教师教育者的“沟通”意义

自我研究常探究一些矛盾的空间，所以其沟通意义十分明显。

（一）自我研究有利于沟通教师教育者与他人的关系

自我研究中的“自我”除包括研究者自身外，还包括与其相联系的他人，如同事、学生等。在自我研究实践中，教师教育者要同他人进行合作，要倾听同行和学生的声音，公开接受他人的批判。对于教师教育者而言，他人就如同一面时时反馈自我教学状况的镜子，使教师教育者能够客观认识和定位自我。反过来，教师教育者的研究成果也会惠及他人，例如教师教育者通过博客、叙事等方式向同行诉说自己教学的心路历程，可以使同行更好地了解自己，并吸取自己教学中成功的经验和失败的教训，少走弯路；通过带领学生一起探索教学实践，让学生能够体验“在实践中学习实践，在反思中学习反思”；等等。通过开展自我研究，教师教育者实现了与他人的沟通，融洽了与他人的关系。

（二）自我研究有利于沟通教学和研究的关系

弗雷德·科瑟根教授曾说，“教师教育者要熟悉这两个世界：教育的科研世界和教育的实践世界。并且要力求最好地融合这两个世界”①。自我研究将教师教育者置于教与学的实践背景之中，在这一复杂背景中，教师和学生互动，教学与研究共生，二者并非二元对立。教学是研究的起点，也是研究的终点，同时是新研究的起点。教师教育者要从自身的教学实践出发，探究教学的规律，而规律又最终服务于教学实践。在这一过程中，教学和研究是双向互动的，教师教育者既是教学理论的消费者，又是教学理论的生产者。通过消费—生产—再消费—再生产，这样一个循环往复的过程，教师教育者实现了教学知识的更新，实现了教学和研究的沟通交流。

（三）自我研究有利于沟通理论和实践的关系

自我研究中明显地体现了施瓦布的实践思想和杜威的经验理论，倡导立足实践，注重经验，把经验视为理论与实践的中介，经验中体现实践，研究经验就是在揭开实践，试图了解我们在实践中所知道的东西，揭示理论。所以，自我研究将实践视为丰富的理论源，可以创造鲜活的教育理论，并且直接滋养实践。同样，自我研究中也吸收了相应的理论为教师教育者的实践提供理论支持，使其认识超越常识和浅见，走向深刻，并有可能形成自己的教师教育学。

三、自我研究对教师教育者的“发展”意义

自我研究作为教师教育者重要的学习方式，对教师教育者的专业

---

① LOUGHRAN J J. A History and Context of Self-Study of Teaching and Teacher Education Practices. In LOUGHRAN J J, et al (Eds.). *International Handbook of Self-Study of Teaching and Teacher Education Practices*. Dordrecht/ Boston/ London: Kluwer Academic Publishers, 2004: 7—8.

发展具有重要意义。

自我研究的过程是教师教育者自我认识、自我改造、自我教育、自我发展的过程，是教师教育者自我知识体系与自我教学实践的互动，从而更新原有知识体系，改进教学实践的过程。这个过程使教师教育者经历了从不自觉到自觉、从被动到主动、从外到内的转化，使教师教育者以自身的教学过程为起点，对自己的教学行为、教学过程、教学结果进行多角度的审视和分析，以改善教学实践，使自身知识体系中的理论更具有对教学情境的适应性。这个过程，就是教师教育者自我发展的过程。这一过程的主要特征有三点：一是实践性，自我研究活动基于实践又归于实践；二是反思性，教师教育者从自身的实践情境和经验出发，而又超于自身原有经验，从自我以外的视角对教学中的问题进行反思；三是质疑性，教师教育者敢于怀疑自己，敢于否定自己已有的教学习惯和教学模式，在不断质疑中寻求超越，不断向更高层次迈进。

自我研究过程大致分为四个阶段。一是提出新问题阶段。在此阶段，教师教育者要敢于质疑原有教学经验，大胆提出问题，形成自我研究的动机。二是构思研究方案阶段。在此阶段，教师教育者要立足教学实际，认真分析情况，提出研究方案。三是实施研究方案阶段。在此阶段，教师教育者要和学生一起记录经验，躬身实践，身体力行，互动对话。四是获得新知、改进实践阶段。这一阶段教师教育者在充分反思理解师生经验和理解基础上获得对教教学和学教学的新认识，并将新认识直接作用于改进自己的实践。四个阶段周而复始，循环往复。在这个循环中，教师教育者的经验不断积累，专业素质不断得到发展和提升，若教师教育者们开展合作的教学自我研究，将大大裨益于教师教育者团队的发展和实践智慧生成。自我研究对教师教育者的专业发展意义也正在于此。

在教师教育战略地位不断彰显的今天，教师教育者们肩负教师专业发展教育和教育强国建设神圣使命，结构合理、素质精良、与时俱进、自觉发展是他们完成上述使命的核心保证。自我研究聚焦教育教学现实，充分发挥对教师教育者们的“认识”“沟通”“发展”意义，将教与研、理论与实践、自我与他人、个体与群体有机联合，相互促进，定会创造更多教育精彩，揭示更多教育奥秘，积累更多教育智慧，催生更多教育新知，创新更多教育实践，促进更多独具特色与内涵的专家型教师教育者养成，进而为推进教育高质量发展贡献更大力量。

第三章　教师教育者开展自我研究之理据

在世界范围内，教师教育者开展自我研究的浪潮方兴未艾，自我研究理论也取得了长足的发展。作为教师教育者重要的学习手段和专业发展方式，自我研究正日渐显示出其强大的生命力和良好的发展前景。如何结合我国教师教育的具体情况，倡导教师教育者开展自我研究，就成为摆在我们面前必要的，同时也是紧迫的工作。本章总结梳理了我国教师教育领域引进自我研究的必要性和可行性。

第一节　教师教育者开展自我研究的必要性分析

目前，教师教育者实践自我研究已成为国际教师教育领域的新潮流，自我研究已经成为国外教师教育者专业发展的重要途径和学习方式。在国内，自我研究则鲜见有人开展，人们对自我研究还不甚了解。因此，教师教育者开展自我研究，对于我国教师教育的健康发展以及教师教育者专业素质的提升都将起到重要作用。自我研究对教师教育者专业发展的作用及当前我国教师教育和教师教育者发展中的诸多问题，决定了我国教师教育者开展自我研究的必要性。

一、弥补我国教师教育者培养“先天乏途，后天乏力”现状的需要

教师教育者的培养可分为职前培养、入职教育和职后培训三个阶段。职前培养即成为教师教育者之前所接受的培养，这一阶段的任务是把“非”教师教育者培养为“准”教师教育者；入职教育即教师教育者刚步入工作岗位时接受的教育，使其从准教师教育者实现向新教师教育者顺利转型；职后培训即教师教育者在入职之后所接受的继续教育，这一阶段的任务是不断提高教师教育者自身的专业素质，使其适应教师教育教学和研究的需要。就目前情况而言，这三个阶段的教育都还不尽如人意。

首先，就教师教育者的职前培养而言，存在着“先天乏途”的状况。教师由教师教育者培养，那么教师教育者由谁来培养？目前还没有针对教师教育者的专业需求成立专门的教师教育者培养机构，教师教育者的培养大多是依靠培养教师的机构来实施，从而造成了培养的针对性不强，教师教育者素质构成中的某些部分在现有培养机构中找不到对应的培养主体。例如，学科教师教育者的素质构成主要分为三个部分：一是具备相应的学科知识，如化学知识、生物知识、数学知识等；二是具备相应的教育教学能力，能够把相应的学科知识传授给学生；三是具备“教教学”的能力，即不仅自己能够当老师，还要教会学生如何当老师。这三个方面的素质缺一不可，其中前两个方面的素质可以在现有的培养机构中学到，但第三个方面的素质却无从习得，只能靠教师教育者的自省自悟。这就造成了教师教育者职前培养“先天乏途”的现状。

其次，就教师教育者的入职教育和职后培训而言，存在着“后天乏力”的现状。当前，针对高校教师的培训形式十分多样，包括单科性进修、函授助教班、国内访问学者、选派教师出国留学、高级研讨班、研究生班、定向研究生培养、教育硕士进修班、骨干教师进修班、同等学力申请硕士学位进修班以及各种形式的学术交流活动，等等。教师教育正在走向规范化、科学化和制度化，一个层次多样、分工协作的高校教师培训网络体系已经形成。① 但针对教师教育者的培训却十分有限，主要表现在如下几个方面：一是在培训理念上，过多追求培训的整齐划一，较少重视教师教育者的个性需求和自我发展；二是在培训方式上，过多注重培训内容的理论讲授，较少重视教学的实践性、情境性和示范性；三是在培训内容上，没有将“普通高校教师”和“教师教育者”区别对待，而是“一锅煮”，关于如何提高教师教育者的教学能力、研究能力和指导能力的培训内容少之又少；四是在培训机会方面，囿于培训名额、培训经费、教学任务等因素的影响，教师教育者实际争取到的培训机会还不太多。很多教师教育者的入职教育也流于形式或者只是短期行为，未能实现长效的互助机制。上述种种因素，造成了教师教育者职后培训“后天乏力”的现状。

本书对 83 位教师教育者履职前期和初期接受教师教育相关培训的情况进行了调查，其结果显示（如图 3-1），完全没有接受过培训，且没有相关经验的分别为 10.84%和 2.41%；没有接受过培训，但有相关教师教育实践经验的分别为 7.23%和 6.02%；没有接受过培训，但有自学相关知识的分别占 18.07%和 14.46%；接受过相关培训的分别占 31.33%和 55.42%；接受过全面系统培训的分别占 32.53%和

① 参见呼中陶，刘捷：《建国 50 年高校教师队伍建设的回顾与思考》，《北京师范大学学报》，1999 年第 6 期，第 53—58 页。

21.69%。由此可见，无论是职前还是职后的教师教育者培训都很有限，即便接受过全面系统的培训，其是否真正有效地指导工作也有待考证。而且，从教师教育者专业发展的内容看，尤其是岗前培训，较多注重教学发展，对专业信念、专业精神、专业伦理和专业自我等关注较少。

自我研究可以在一定程度上弥补教师教育者在培训方面的不足。通过开展自我研究，教师教育者可以有针对性地、系统地研究自身实践，不断发展、完善和超越自身的专业自主意识，树立自我持续的成长观，不断推动自身专业素质的发展。

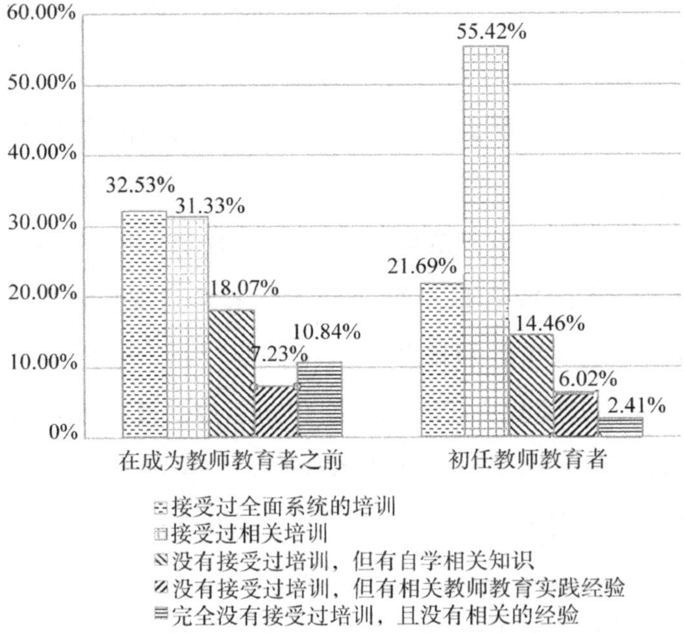

图 3-1　成为教师教育者前后接受教师教育相关培训情况

二、提升我国教师教育者“教学示范性”的需要

“学为人师，行为世范。”示范性不仅是对教师的基本要求，更是对教师教育者的基本要求。教师教育者在教学中具有双重基本角色：一是教会教师们如何教学；二是通过现身教学，自觉不自觉地为准教师们树立良好的教学典范，发挥榜样示范作用。有人认为，“教师教育者的示范是一种改变未来教师观点和实践的手段”①，“是促进形成教师专业身份的重要因素”②。当前，我国教师教育者在教学示范性方面存在诸多不足，主要体现为以下三点。

（一）教师教育者的教学存在严重的“普教化”倾向

“普教化”的教学倾向主要体现为教师教育者将师范教学等同于普通教学，在实际工作中采取普通高等教育的授课模式，重视学科知识的教学，忽视教授学生如何教学，因而不能对师范生的教师角色意识培养和教育教学能力提升起到应有作用。学者朱旭东曾指出：“按理说，大学教师教育者应该拥有培养和培训教师的独特的方法和途径，而事实是师范大学的教师名义上都是教师教育者，但他们的学术旨意、研究模式和思维模式和综合大学没有实质性的差异。”③ 有人曾对教师教育的效果做过专门调查，调查结果显示：近10%的教师认为教师教育没有收获或收获不大，近70%的教师认为自己所经历的教师

---

① LUNENBERG M, KORTHAGEN F, SWENNEN A. *The Teacher Educator as a Role Model*. Teaching and Teacher Education, 2007,23(5): 586—601.

② TIMMERMAN G. *Teacher Educators Modelling Their Teachers?* European Journal of Teacher Education, 2009,32(3): 225—238.

③ 朱旭东：《试论建立教师教育认可和质量评估制度》，《高等师范教育研究》，2002年第3期，第28—33页。

教育模式需要改进。① 这种“普教化”的教学倾向，不利于建立独立的、系统的、有针对性的教师教育模式，降低了教师教育的效果和质量。

（二）教师教育者的教学缺少“反思性”

20 世纪 80 年代以来，教师教育领域兴起了“反思热”，“反思性教学”逐渐成为教师教育领域内的高频词汇。然而有趣的是，我们很多教师教育者的教学却不是反思性的，主要体现为三个方面：一是传统的理论讲授式教学方式还占很大比重，教师讲，学生听，只重教的过程，忽略学的过程；二是教师教育者往往上完课就走人，很少与学生交流，未能针对自己的教学得到有效反馈；三是教学的既定性色彩浓厚，教师教育者经常提问封闭、预设的问题，常常纠正学生与教师不一致的思维和答案，学生自主思考的空间很小。凡此种种，皆因教师教育者的教学缺少“反思”，进而导致教学的示范性不足。

（三）课堂教学缺少生命活力

这与上述两点紧密相连，因为教师教育者只重单向知识的传授，缺少师生思维和灵感的碰撞，所以课堂教学气氛沉闷，缺少激情，没有活力也就是自然之事。而对此，我们时常听到的是教师教育者对学生的抱怨，如“现在的学生不好教”“如今的学生不爱学”“不爱当老师”，等等。学生也多是认为老师照本宣科、程式化教学，收获不大。于是教育类课程逐渐成了学生心目中可有可无的“副课”②。当这些学生再从事教学工作时，也就自然而然地效法他们的老师。

教师教育者在教学示范方面表现欠佳，将直接影响未来教师对教

---

① 参见赖学军，尤冰虹：《论诊断式教师教育 》，《教育理论与实践》，2004 年第 17 期，第 33—36 页。

② 参见梅新林：《 中国教师教育 30 年》，中国社会科学出版社，2008 年，第 192 页。

学的认识。哈佛大学前校长博克（Bok）曾说："学生能记住多少知识，会形成什么样的思维习惯，较少取决于他们选修了哪些课程，而较多地取决于他们是被怎么教的，以及他们被教得有多好。"① 可以想象，未来的他们可能也会只顾自己的教，不顾学生的反应，不善于注意培养学生的思维，课堂压抑沉闷，这岂不是又回到应试课堂，而教师教育者岂不是成了推波助澜的"罪魁祸首"？自我研究注重教师教育者在不断的质疑、挑战、理解与改进中不断生成实践性知识，并在不断与他人或更大范围公开共享研究感受、体验、成果中实现"实践—理论—实践"的循环，进而丰富教师教育知识，并无形中为学生和他人树立了榜样。

三、改变我国教师教育领域"重科研，轻教研"现状的需要

自 19 世纪初德国教育家洪堡提出"教学与科研相统一"的原则后，科研和教学便成为现代大学的两大重要职能。但是近年来，受职称评定、科研奖励、岗位聘任等因素的影响，大学中普遍存在着"重科研，轻教学"的不正常倾向②，很多教师教育者也深陷其中，把精力过多地投在了科研上，对于教学则无暇顾及，"重科研，轻教研"的情况也越来越严重。

在这种倾向的影响下，只重数量不看质量的"形式科研"、故弄玄虚的"理论科研"、相互挂名的"虚假科研"、利益驱动的"效益科研"充斥了学术市场，令人眼花缭乱。教学的地位也在"科研第一"

---

① 转引自刘径言：《教师教育者的身份研究》，中国社会科学出版社，2022 年，第 195 页。

② 参见张艳辉：《课程与教学视野中的大学教师研究》，中国社会科学出版社，2008 年，第 146 页；昌晓莉.《教学学术：高校提升教学质量的突破口》，《中国教师》，2008 年第 21 期，第 25—28 页。

的影响下不断下降，表现为很多教师教育者不愿多上课，这样能够抽出时间搞“经济实惠”的研究。对于一些有责任心的教师教育者而言，这种倾向更是常使其处于两难境地：他们不想敷衍教学，不愿搞对教学无实质效果的研究，但教学研究一般要通过收集相关教学方面的数据，周期可能较长，研究结果往往又是针对自己的教学情境，很难发表。而迫于评职称等压力，他们又必须搞科研，所以只能选择一些追踪热点问题的“追风科研”，但这又对教学助益不大。

开展自我研究有助于改进教学实践。教师教育者在自我研究中，集研究者、实践者、研究对象等角色于一体，以局内人身份充分挖掘自身的实践知识，并将教学和研究融为一体，在研究中教学，在教学中研究。自我研究是教师教育者研究自己的教学该怎样教，体现的是一种教学学术思想，对于提升教学地位将有很大帮助。教师教育者开展自我研究，能有效提升其教学学术水平和教师教育者教学的地位，促进教学的发展与改进，并有利于教师教育者形成一种自觉行为，从而帮助教师教育者有效平衡教学和研究，走出“重科研，轻教研”的困境。

四、保留和传承优秀教师教育者教学经验的需要

教师教育者在教学活动中积累了丰富而宝贵的教学经验，这些缄默知识、实践智慧如果不想办法留住，将会随着优秀教师教育者的退休、去世或师范院校撤并等逐渐消逝，这将是巨大的损失，也将会成为历史的遗憾。比如，在我国近年来中等师范学校整合撤并的过程中，很多优秀教师教育者的教学经验就没能被保留下来，这让人十分痛惜。正如美国学者舒尔曼所说：“教学作为一种职业，一个重要苦难就是它的个体和集体的健忘症，教学实践中的许多宝贵经验都被当

代和未来的同行们遗忘了。和建筑（以设计图纸和建筑物为凭）、法律（以颁布的法律文献为凭）、医学（以保存下来的病例为凭）等相比，教学是没有同辈人观看的行为，没有这样一种记录符号和记忆系统，对下一步实践原则的分析、整理等都是难以进行的。”①

开展自我研究将为教师教育者提供一个有力工具，使其及时、真实、生动地记录自己宝贵的个人实践经验，并能够与他人分享，甚至广泛交流和传播，这将是培养师范生和发展教师教育生动的“活教材”。在当今大力提升教师教育的背景下，鼓励教师教育者开展自我研究，既能提升教师教育者的自我关注意识，又能增进彼此交流，起到示范作用。总结、记录和保留优秀教师教育者的成功经验应成为当前和今后我国教师教育发展的一大要务。可喜的是，当前教育界，已开始通过教育口述等方式记述保留老一代学者、教育家的智慧，比如《潘懋元教育口述史》《顾明远教育口述史》《黄济教育口述史》《林崇德教育口述史》等已陆续问世。通过口述史这样一种形式，清晰再现了老一辈教育家卓越的成长历程和崇高的人格风范，对于颐养后代发挥了巨大的作用。

五、实现教师教育者在共同体中发展的需要

前文有述，教师教育专业化凸显了教师教育作为一门专业的重要性，这对教师教育者的专业素质提出了严格要求：一是要具备高水平的专业知识和技术体系；二是要经过长期的专业培养和训练；三是要有较高的职业道德；四是要有不断增强自身专业的能力；五是要具备

---

① SHUALMAN L. *Knowledge and Teaching*: *Foundations of the New Reform*. Harvard Educational Review, 1987, 57(1): 1—21.

独立设计教育活动的能力；六是需要有自己的行业组织，实行行业自律。[①]这些专业要求都不是教师教育者仅凭自身可以完成的，教师教育者需要在共同体中进行努力。教师教育者成长的共同体可以分为两类：一类可称之为学习共同体，主要指由教师教育者所在机构内的学生、同事、中小学合作教师等组成的学习共同体，大家一起探讨师范教学、学习及研究；第二类是专业发展共同体，指教师教育者所属的专业组织，可以共同开展以教师教育理论或实践问题为主的学术研究。

自我研究可以帮助教师教育者在共同体中实现发展。自我研究倡导教师教育者与学生、同事间保持开放性，倡导在合作与对话中发展对教学的新认识。自我研究正以其开放性、包容性、国际性和多样性获得越来越多教师教育者的认可。自我研究特殊兴趣小组、两年一次的自我研究国际会议和自我研究专刊等都为广大教师教育者开展无国界的交流与合作提供了宽阔的舞台和安全的学术环境。随着现代信息技术的发展，实现与国外教师教育者合作交流的“无缝对接”将不再是“天方夜谭”。教师教育者的职业本就是一份崇高的事业，不断地向善、求真、求美是每一个有责任的教师教育者的执着追求。

第二节　教师教育者开展自我研究的可行性分析

我国教师教育者将自我研究作为重要发展路径，不仅具有必要性，而且具有可行性，具体体现在以下方面。

---

① 参见顾明远：《我国教师教育改革的反思》，《教师教育研究》，2006 年第 6 期，第 3—6 页。

一、教师教育政策法规的不断完善，为教师教育者开展自我研究创造了良好的政策环境

改革开放40多年来，党和国家不断优化教师教育发展的顶层设计，陆续制定和出台了一系列促进教师教育改革和发展的法律法规及纲领性文件，形成了一个比较完善的教师教育法律法规和政策体系。这些法律法规对于保障教师教育的健康发展发挥了重要作用。如《中国教育改革和发展纲要》将教师教育看作“培养中小学师资的工作母机”，从而确定了教师教育的重要地位。又如《国家中长期教育改革和发展规划纲要（2010—2020年）》提出要“完善教师培养培训体系，做好培养培训规划，提高教师专业水平和教学能力。通过研修培训、学术交流、项目资助等方式，培养教育教学骨干、‘双师型’教师、学术带头人和校长，造就一批教学名师和学科领军人才”，从而为教师教育的可持续发展提供政策保障。《教师教育振兴行动计划（2018—2022年）》提出落实立德树人根本任务，主动适应教育现代化对教师队伍的新要求，遵循教育规律和教师成长发展规律，着眼长远，立足当前，以提升教师教育质量为核心，以加强教师教育体系建设为支撑，以教师教育供给侧结构性改革为动力，推进教师教育创新、协调、绿色、开放、共享发展，从源头上加强教师队伍建设，着力培养造就党和人民满意的师德高尚、业务精湛、结构合理、充满活力的教师队伍。《中国教育现代化2035》作为我国第一个以教育现代化为主题的中长期战略规划，成为新时代推进教育现代化、建设教育强国的纲领性文件，系统勾画了我国教育现代化的战略愿景，明确了教育现代化的战略目标、战略任务和实施路径。

教师教育法律法规与政策体系的建立和完善，是中国教师教育发

展的重要成果。一系列法律法规的制定、颁布与施行，从国家意志层面确定了教师教育的地位和作用，一系列教师教育政策的酝酿、出台与实施，从战略层面规划了新时代中国教师教育的改革和走向。这些法律法规和政策体系，不仅为教师教育的改革与发展提供了法律依据和政策保障，同时也为教师教育者开展自我研究创造了良好的政策环境。

二、教师教育者专业发展模式、培训模式的转型以及个人发展愿景的提升，为教师教育者开展自我研究提供了现实可能

当前，教师教育者的专业发展模式和培养模式正在经历着重要转型。在专业发展模式上，开始由以行为科学为基础的教师教育者专业发展模式，向以建构主义、反思性研究为基础的专业发展模式转型；在培养模式上，开始由以培训技术型教师教育者为主向以培养自主性、研究型、专家型教师教育者为主转型。教师教育者专业发展模式的转型，是新的教育思想在教师教育领域的重要体现，其反思性、研究性、自主性等价值取向和自我研究的价值取向是高度吻合的，这为自我研究的引入提供了良好契机。

同时，教师教育者的个人发展愿景也在不断提升，这为自我研究的开展提供了现实可能。近年来，随着教师教育法律法规建设的不断完善，教师教育者从教、爱教、研教的积极性和自主性大大提高，专业发展意识淡漠的情况有了很大改观，教师教育者的专业发展愿景不断提升。本书通过对 83 名教师教育者对教师教育工作热爱程度的调查结果显示：非常热爱占 53.01％、比较热爱占 39.76％、一般热爱占 7.23％、不太热爱和不热爱均为 0％。总体而言，超过 92％的教师教育者是热爱教师教育工作的，这份喜欢和热爱是他们前行和发展的动

力。自我研究作为教师教育者专业发展的重要手段，必将获得教师教育者的接受、赞同和欢迎。

三、我国反思性教学理论与实践的发展，为教师教育者开展自我研究奠定了先期基础

反思性教学在我国有着深厚的历史渊源，《论语》中“吾日三省吾身”“见贤思齐，见不贤而内自省”“见其过而内自讼”等内容都强调了反思在个人发展中的作用。对反思性教学的兴起做出突出贡献的是美国学者舍恩。我国对反思性教学的研究起步较晚，但发展迅速。1999年，华东师大出版社出版了熊川武教授的《反思性教学》一书，这是我国第一部研究反思性教学的理论专著。熊教授认为，反思性教学就是：“教学主体借助行动研究，不断探究与解决自身和教学目的，以及教学工具等方面的问题，将‘学会教学’（learning how to teach）与‘学会学习’（learning how to learn）结合起来，努力提升教学实践合理性，使自己成为学者型教师的过程。”①该书出版后，立即引起了学术界的反响，反思性教学理论在国内迅速传播。

反思性教学理论的发展，有力推动了反思性教学实践的开展。反思性教学的目的，旨在通过这种或那种形式的“反思”，促进教师教育者对自己的专业活动有更为深入的理解，发现其中的意义，以促成“反思性实践”。近年来，广大教师教育者对教学实践展开了深刻反思。有的通过教学日志、个人传记等方式单独进行反思；有的通过故事讲授、信件交流、教师晤谈、参与观察等方式与人合作进行反思；还有的以“合作自传”的方式，即由教师教育者一起围绕目前工作的情景、当前正在开设的课程、所奉行的教育理念、过去的个人和专业

① 熊川武：《反思性教学》，华东师范大学出版社，1999年，第3页。

生活等主题写出自我描述性的文字，然后进行批判性的评论。通过这些方式，教师教育者的教学实践得到不断强化和提升。

反思性教学和自我研究有许多相似之处，如倡导自我反思、提倡与他人进行合作和交流、主张深入教学实践、身体力行，等等。所以，我国反思性教学理论与教学实践的发展，为教师教育领域引入自我研究奠定了先期基础。

四、我国教师教育改革的稳步推进，为教师教育者开展自我研究提供了广阔的空间

当前，教师教育领域的改革如火如荼。自 20 世纪 90 年代末，我国教师教育体系开启了由封闭向开放的转型进程，至今已形成由师范院校与非师范院校共同参与的教师教育体系，并进一步表现出高质量性、公平性、开放性、灵活性等现代教师教育体系的发展特征和趋向。随着教师教育体系改革的推进，教育重心将进一步上移，本科师范教育和研究生师范教育将成为未来师范教育的主体。在课程改革方面，目前我国进行的基础教育课程改革，其改革的主旨之一就是使课程实现由学科本位向能力本位转变。2014 年，为贯彻落实立德树人根本任务，我国启动普通高中课程标准修订工作，研究核心素养体系，将基于核心素养的学业质量标准融入课程标准，引导和促进学习方式与育人模式的根本转型，这对教师教育者的素质要求和角色转换提出了严峻挑战。在教师培训方式方面，一统天下的职前培养模式正逐步被“终身教育”模式所取代，校本培训、教师发展学校、教师参与式培训、研训一体、协同组合培训、远程培训等培训方式蓬勃兴起。此外，在教师教育专业化、师生关系、教师评价、教育体制等方面的改革也都在稳步推进。

教师教育改革的稳步推进为教师教育者开展自我研究提供了广阔的空间。

虽然我国教师教育者开展自我研究还处于起步阶段，尚属新兴事物，但教师教育者开展自我研究促进专业成长这一方向不应被改变。通过对我国教师教育者开展自我研究的必要性和可行性进行分析可知，倡导教师教育者甚至广大教师（含师范生及未来教师）开展自我研究不仅是一项必需的、紧迫的工作，同时是一项艰苦的、长期的工作。

第四章　教师教育者实践自我研究原理

通过上一章对教师教育者开展自我研究必要性和可行性的分析可知，教师教育者开展自我研究是一种必然趋势，这对于促进我国教师教育者的专业发展，促进教师教育教学质量的提升具有重要意义。教师教育者应该如何开展自我研究呢？本章将深入剖析自我研究的基本原理，尝试提出开展自我研究的方法和步骤。

第一节　自我研究的基本原理

尽管目前学术界对自我研究还存在不少的争论，但是经过多年探索，人们对自我研究的基本原理问题还是达成了不少共识，这些理论有效地指导了自我研究实践的开展。

一、自我研究的原则遵循

自我研究的原则是从自我研究的理论和实践中总结、提炼出来的，并以哲学、心理学、教育学、文化学等其他学科的成果作为理论基础。自我研究应该遵循的原则很多，其中公认度高、争议性小、指导性强、适应面广的原则主要有以下几条。

（一）开放性原则

该原则类似杜威所言的“虚心”（open-mindedness）① 的态度，其含义指免除偏见、党派意识和诸如此类的封闭观念，免除不愿考虑新问题、不愿采纳新观念的其他习惯。自我研究中，要求教师教育者解放思想，立足教学实践，广开言路，虚心接受同事、学生、观众等批判性他人的理解、解释和批评，并与他们展开开放性的对话。自我研究是在对话中进行的，对话是实现认识的过程。同时，在确定自我研究的主题、选择自我研究的方法和策略上也需能够保持足够的开放性、多样性、共存性。比如一项自我研究中可以采用访谈、生活史、叙事探究等多种质性研究方法。一言以蔽之，拥有宽阔胸怀是教师教育者开展自我研究、提升教学效果的前提。

（二）实效性原则

教师教育者要始终本着对教育教学工作和学生负责的态度开展有价值的研究，立足教学实际，实事求是，不做“虚假的研究”“凑数的研究”，不“为研究而研究”。研究开始前，教师教育者要充分考虑研究所要涉及的系列问题和准备工作，预见可能的结果，尽量避免不必要的麻烦和负面影响，能够对自己的决策负责；研究过程中，要体现严谨性，思维缜密，证据确凿、论证有力，对自己的研究结论负责，利于自我教育和惠及他人。此外，还要充分考虑研究问题的复杂性、变化性和研究的有限性，不断修正研究方案，并愿意接受公众对

---

① 杜威在《我们如何思维》中认为，欲形成反省性思维习惯，要培养三种态度：虚心（open-mindedness）、专心致志（whole-heartedness）和责任心（responsibility），此外，还要有一种意愿（readiness），能积极对其经验范围之内的事物做出认真周密的思考。参见［美］约翰·杜威（Dewey. J）：《我们怎样思维：经验与教育》，姜文闵译，人民教育出版社，2005 年，第 33—37 页。

研究结果的建议和批评。

（三）探究性原则

探究源自问题，探究带来智慧，探究增进成长。自我研究是对教学和教师教育实践有目的的、系统的探究。因此，自我研究必须关注来自教学实践的、持续的疑惑和问题，尤其要关注具有一定挑战性的问题。针对这些问题，要展开激烈的质询，力求产生有价值的探究结果，从而解决自身的困惑，引起他人的共鸣。同时，教师教育者还要尽可能为引发进一步的探究和开展新的自我研究做准备。这不仅需要教师教育者具有探究的精神，更要培养师范生批判探究的能力和习惯，师生思想和智慧的不断交锋将使课堂变成一个探究的场所，一个思想飞扬的场域。

（四）合作性原则

自我研究中的学习是个人化的，但是自我研究本身需要合作。很多自我研究的学习方式都是一项“分享的冒险经历”。参与者们通过合作促进研究和学习，这将使研究本身接受专业的、建设性的挑战，能够更好地厘清和质疑情境，进而产生新的理解。同时，合作也可以为研究提供一些自信，使他人能更加广泛地思考经验和解释，这是任何研究中都很重要的一个方面。教师教育者必须愿意大胆地与将要成为教师的学生和其他对教师培养感兴趣的同事进行合作。

（五）重构性原则

重构（reframing）即为舍恩（1983）所言的实现对原有实践的再框定、再思考并获得不断改进与提升，一定意义上说，对教师教育实践的自我研究实际上是一种重构的正式化，是教师教育者和参与者不断实现“视域融合”的过程。没有重构，教师教育者只能维持现状、机械重复或故步自封，只是个技术型实践者。所以，教师教育者必须在研究中打破传统思维习惯，不断寻求实践证据，不断调整采用新策略，践行与其信奉的道德价值观相一致的实践。不断重构和创新是教师教育者开展自我研究的追求，既是其成长的动力和标志，又是其责任心的充分体现。

上述原则之间相互依赖，相辅相成，形成一个完整的自我研究原则体系。其中，开放性和实效性原则是开展自我研究的基础，研究者首先要具有开放的视野和实事求是的精神，这是开展自我研究的前提；探究性和合作性原则为教师教育者开展自我研究提供了动力支持，使其善于思考、勤于质疑、勇敢探索、互助合作、追求高品质实践；重构性原则为教师教育者开展自我研究提供了目标指向，使其追求理解、善于解释、推陈出新、提升智慧、追求创造性实践。

二、自我研究的过程分析

自我研究的过程是教师教育者自我认识、自我改造、自我教育、自我发展的过程，在这个过程中，教师教育者通过自我知识体系与自我教学实践的互动，不断更新原有知识体系，改进教学实践。这是一个循环的、螺旋式上升的过程，这一过程是这样展开和运行的：第一，教师教育者从具体的教学情景出发，对教学情境中的问题产生怀疑，从而提出新的问题，并根据自身教学经验、阅读文献等聚焦问题，提出认识问题的方案，也就是准备基于现实的教学情境理解问题；第二，通过展开探究和反思，教师教育者在教学实践中真实记录自己和学生的经验，边实践边研究，研究的重点随着实践的进行而改变；第三，教师教育者通过师生经验与认识的交融，解释和理解特定环境中的问题，获得新的理论，从而使教师教育者原有的认识产生或被强化，或被否定，或被改造的可能；第四，公开研究成果，与他人分享，接受他人批判，并将成果应用于自己的实践之中。至此，自我研究完成了一个循环，当然这只是整个循环过程中的一环，教师教育者的每一次研究和每一次实践都高于前一次的研究和实践，也就是说，自我研究是一个螺旋式上升的过程。在这种螺旋式上升的循环过程中，教师教育者不断深化对教学实践的认识，不断提升自我的专业发展水平，具体如图 4-1 所示。

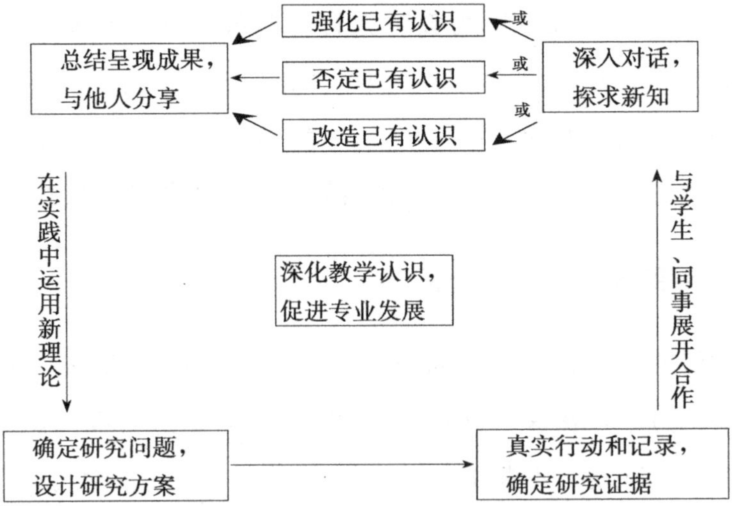

图 4-1　自我研究基本流程示意图

通过上图可以看出，自我研究主要有以下几个阶段。一、确定研究问题阶段。教师教育者针对具体教学情境，质疑并提出问题。二、研究设计阶段。这一阶段的主要任务是对自我研究进行总体设计，包括情境设计、目的设计、方法设计、价值设计、时间设计等。三、真实行动和记录阶段。这一阶段的任务是依据研究方案展开研究，师生一起收集相关资料，确定研究证据。四、对话反思，探究新知阶段。教师教育者在整理数据的基础上，充分分析和解释数据，理解研究问题，获得教学新知。五、总结报告阶段。教师教育者总结研究的主要成果，自评研究历程，撰写研究报告。六、分享反馈阶段。教师教育者通过各种形式与他人交流、分享研究成果，并听取他人意见和建议，实时反馈。七、改进行动，准备新研究阶段。教师教育者将研究成果在实践中应用，并为新一轮的自我研究做好准备。

在上述过程中，教师教育者不断深化对教学实践的认识，促进自身的专业发展，从而为新一轮的自我研究提供起点和动力。

第二节　自我研究的完整实践步骤

由于理论背景、问题类别、个人专长等的差异，不同研究者在开展自我研究的具体步骤上会有所不同。结合国外众多自我研究者的研究实践以及国内教师教育者的实际情况，本书尝试提出一个完整的自我研究的开展过程，以求提升自我研究的质量。

一、确定研究问题

确定研究问题是开展自我研究的第一步，也是至关重要的一步，决定着研究的价值。这一阶段包括发现问题、聚焦问题、表述问题三个分阶段。

（一）发现问题

这些问题可以是教师教育者感兴趣的问题、难以表述的问题，也可以是计划与现实不一致的问题、师生认识差异的问题，还可以是教师教育者面临的挑战等。教师教育者可用头脑风暴的形式迅速搜索，展开如下自问：

我确定的实践中的问题是什么？

我的信念与行动不符之处，即我实践中现存的矛盾是什么？

（二）聚焦问题

上述种种问题只是为研究者提供了潜在的研究方向，还必须将其“聚焦”“提炼”，使其具有针对性和可操作性，便于在实践中解决问题。因此，需要我们对这些问题的类别、性质、成因、潜在影响等因素进行分析，查阅相关文献，了解研究现状，从中获取理论和经验上的启示与帮助。同时，还要充分考虑自身的背景，这里的背景不仅包含研究者自己的学历、经历、能力等现实情况，也包含所任班级或课堂的学生情况，了解他们的兴趣、能力、水平及可能的认识，综合考虑后可确定研究问题的范围。教师教育者可以自问：

我想进一步理解的论题是什么？

对于这些问题，我想具体了解些什么？它们属于哪类问题？是共性还是个性问题？是如何产生的？会产生哪些影响？

目前对该论题的研究现状如何？

我如何具体界定该问题？

我及我的合作者研究该问题的可行性何在？

（三）表述问题

在确定了研究问题的范围之后，还要清晰、具体地表述问题，界定问题的边界、明确研究的对象，这会提升研究的针对性和可操作性。此时，研究者要表述的问题就是：我的研究问题是……

在此，教师教育者要确保选择自己最关心、最希望解决并且通过努力可以解决的问题。当然，研究问题不是一成不变的，随着研究的不断深入，可以适度调整或者重新确定更具合理性或价值性的新研究课题。在实践领域，自我研究已被广泛应用于探索教师和教师教育者的身份、信念、生活等方面的问题；探索教育改革和领导等方面的问题；探究职前教师的学习与发展、实习、反思等方面的问题；探究种族、社会正义、多样性等方面的问题；探索电子日志、邮件、互联网、视频等技术手段在教师教育中的应用；等等。不同阶段的教师教育者由于其身份认同、教学经验、专业感情等方面的差异，开展自我研究可以有如下不同取向。

一、课堂教学认识取向。主要研究教教学和学教学活动本身的特点，以及影响这些活动的因素，关注恰当运用教学技能、技巧、方法、策略，注重与提升教学行为的有效性等。

二、师范生发展取向。分析考虑如何丰富师范生的教育教学知识，提升其研究与实践能力，培养其专业精神和专业情感等。

三、教师教育者发展取向。研究与教师教育者自身成长相关的因素，如怎样顺利入职、发展专业知识和专业能力、发挥示范作用、增强职业幸福感等。

四、教师教育改革取向。关注实施与更新各级教师教育项目、计划、政策等。

五、人际关系取向。关注如何形成融洽的师生关系、同事关系、教学文化、质量文化，如何融洽与领导的关系、与中小学和社会的关系等。

二、设计研究方案

周密设计研究方案有助于明确研究的焦点，使研究工作有计划、有步骤地展开。研究方案的设计主要包括情境设计、目的设计、方法设计、价值设计、时间设计、伦理考量等不同方面。

（一）情境设计

情境设计指教师教育者确定研究的情境和参与者。虽然自我研究在课堂中进行，但教师教育者仍需思考选择哪些课程、实践哪些方面以及适合研究的场合。此时，教师教育者可以问自己如下问题：

最适合的情境是什么样？

谁是最合适的参与者——是我？我的学生？还是我的同事？

（二）目的设计

说明开展本研究的目的，比如促进理解教师教育者自己的矛盾、困惑、关注等，进而重建教学实践，促进个人专业发展，或者改变实践情境，改变参与者的认识，重建教师教育，丰富教师教育知识，等等。在此过程中，教师教育者要问自己的问题是：

我的研究目的是什么？

（三）方法设计

确定本研究中采用哪些方法、技巧和策略，并考虑情境、过程、师生的世界观等，但切记不要出现“方法崇拜”①，即过分注重方法的选择而忽视所讲述故事内容的真实性。此外，教师教育者还要详细规划数据收集的相关事宜，如时间、地点、涉及人员、收集方式、影响因素以及对自己的能力要求等，应根据研究者和参与者的时间、精力确定可行的研究方法和研究策略。数据收集以不增加研究者过重的身体和心理负担，不干扰正常的教学秩序为宜。此时，教师教育者可以思考如下问题：

我将使用哪些方法和策略？

我将如何收集和保存数据？

我该整理哪些数据？何时整理？

哪些证据可以用于捕捉我的实践的声音？

---

① ［美］诺曼·K. 邓津，［美］伊冯娜·S. 林肯：《定性研究：策略与艺术》，风笑天等译，重庆大学出版社，2007年，第419页。

哪些证据可以用于捕捉我的声音？

哪些可以作为有价值的证据？

（四）价值设计

明确研究的学术价值。在这一部分，教师教育者可不断询问自己如下问题：

在教师教育研究（或其他研究领域）中，哪些研究将会为本研究提供指导？

我的问题中体现的信念是什么？

我的实践和研究的价值是什么？

我将如何为自己的研究负责？

怎样体现我的立场及经验的权威？

我的研究期待为教师教育的知识基础做出何种贡献？

（五）时间设计

为了确保自我研究设计的顺利实施，建议设计一个行动时间表，将具体的行动方案做出一个大体的时间安排，确保研究工作有条不紊地进行。当然，该时间表可以根据实际情况适度调整和修改。

（六）伦理考量

教师教育者需要从一开始就考虑伦理问题，确保诚实、可信、透明地开展自我研究；合理定位自我与他人的关系，定位自己的研究在更广泛的文献中的位置及展现自我研究的方式。教师教育者可以参照执行质性研究者应当遵循的伦理标准①，通过各种方式，保障所有参与者的权利。如研究者必须开诚布公、实事求是地详细说明研究的一切事项，包括参与者的权利、研究者的义务、研究资料的保存、研究

---

① 比如行动研究者应当遵循的伦理标准。参见［英］詹姆斯·麦克南：《课程行动研究》，朱细文，等译，北京师范大学出版社，2004年，第206—207页。

结果的使用、研究可能带来的积极方面和潜在的问题与危险等，最好签订相关合约。

三、真实行动和记录

按照研究计划，教师教育者展开真实的研究行动，收集相关研究资料。在此，提倡教师教育者尽可能采用浸入式的、整体的、全面的、自然的方式全面收集实然状态下的信息，力求不给师生增加太多负担。这些信息主要指那些最能回应所研究问题的证据，最能反映教师教育者和参与者的认识与行动主张的东西，主要包含记录教师教育者的实践与声音、相关联的学生与同事的反馈、批判性朋友的认识，等等。同时，教师教育者还需要不断重新思考研究计划，并根据实际情况适当调整研究行动。

（一）记录教师教育者的实践与声音

教师教育者研究自己的实践，需要倾听自己的声音，重视自己的经验，体察自己的言行，展现完整的、真实的自我，包括揭示隐藏在公开的自我背后的压抑、否定等。在研究过程中，教师教育者应通过各种手段将自己对教学、学习、学生等与研究问题相关的认识外显化。除行动反思外，教师教育者还可以采用访谈、田野日记或日志、观察、抽象拼贴画（collage）、案例分析、录像和技术等策略。由此可见，自我研究是教师教育者不断学习、发展和变化的过程，只有捕捉这一过程中自我学习的声音，才能有利于提出自己的学习主张。自我研究实际上是教师教育者不断展开同自身发展对话的过程，是不断重构实践经验和实践情境的过程，是不断深化理解的过程。

（二）记录相关学生或同事的反馈

自我研究多是研究欠成功或“失败”的实践，而这些恰好是教师教育者的价值观和信念被他人否定之处，或者是他们的信念与行动不一致之处。因此，理解实践，就要倾听、面对这些“失败”“不舒服”甚至“不友好”的东西，需要研究实践的细节，积极寻求同事、学生等“重要他人”对实践的理解和反馈，包括充满问题的反馈和具有支持性的反馈，然后综合这些反馈，平衡我们对经验的理解。在探究过程中，教师教育者要善于收集他人对实践活动的理解与认识。收集方式可以是访谈、对话、书信、作业等传统手段，也可以是电子邮件、微博、微信、大数据、人工智能、虚拟仿真等现代技术手段。采用何种方式要视具体条件而定，一切以不增加师生的负担为前提。

（三）征求“批判性朋友”的意见

为了收集更有价值的证据，教师教育者也可以借助“批判性朋友”的力量。“批判性朋友”（critical friends）主要指那些具有怀疑性、批判性的同事、学生或者愿意与你一同研究的人。一般而言，有一两位即可。作为教师教育者的助手或诤友，他们会在研究过程中适时提出具有批判性的建议。“批判性朋友”的存在有助于教师教育者重新思考研究的问题、清晰定位研究的焦点，从而提升自己的研究意识和责任意识。但这也有潜在的危险，比如“批判性朋友”提出的问题可能是肤浅的、偏执的或激进的，可能会模糊论题或混淆视听，需要教师教育者明辨视之。

学者大卫·杰弗里·史密斯曾说，自我若想在真正成熟的意义上完整，就得对他人持完全开放的态度，而不能自我封闭于预先确定的例如“教师”之类的身份里。自我理解的真正提高是四重行为的不断递进：向他人开放，与他人交流，某种包含自我更新意味的自我反省，重新与他人交流。① 教师教育者善于不断倾听和记录自己或学生、同事等他人的声音，不断开展自我反省、自我救治，这将不仅有利于其在他人面前勇于正视自我，也有利于不断开展理解其自身矛盾与问题的艰难工作，实现自我在真正成熟意义上的完整。

四、对话反思，探求新知

收集数据结束后，教师教育者就要开始系统整理这些数据，然后进行深入分析和解释，让数据“说话”，从数据中发现教学实践活动的意义。需要注意的是，数据收集、分析和解释的过程并非截然分开，三者相互联系、相伴始终、相互印证。

（一）整理和呈现相关数据

教师教育者需要将收集到的相关数据根据研究问题进行整理、分类和编码，确保所收集到的资料的完整性和有效性，并按统一标准对其进行初步分类、标注。可以运用相应的计算机软件如 SPSS、EXCEL 等统计工具，标注自我和他人等相关信息的出现频率，然后用图形、表格等方式呈现出来，待分析和解释之用。

（二）考察数据关系，展开深入对话，获得教学新知

整理和呈现数据完毕后，教师教育者要充分考察、反思这些数据之间的关系，深入展开数据间的对话，重点考察判断自己的认识、学生的反馈、他人的理解之间的关系和意义，以及这些认识对解释所研究问题的作用。教师教育者要弄清自己的信念和价值观不被认可的原因，并借助相关理论重新审视这些资料，进而对自己的教学方法、学生的学习过程以及实践情境等产生新的认识，获得教学新知。

---

① 参见［加］大卫·杰弗里·史密斯：《全球化与后现代教育学》，郭洋生译，教育科学出版社，2000 年，第 203—204 页。

这个过程是教师教育者与自己、学生、文本等对话的过程，也是教师教育者与他人平等交流、求同存异、视域融合的过程。这一过程对提升教师教育者的教学认识、增进学生对教学和教师的理解、重建教师教育等具有重大的推动作用。需要注意的是，教师教育者要在数据和解释之间建立明确的联系，分析过程要有理有据，解释要清晰有力。在此过程中，教师教育者要不断问自己：

确凿的证据有哪些？

我的数据分析和解释工具是什么？

如何确保研究清晰透明？

如何界定自我？如何定位自我的经验？

这些证据带给我哪些理解？

五、总结评价，撰写报告

（一）总结评价

分析结束后，教师教育者要总结整理主要的研究成果，并对研究问题、研究方案、研究过程等进行回顾与评价，总结研究的经验和教训，寻找研究过程中存在的矛盾或问题，并为开展新研究做好准备。

评价的标准主要是“一”“清”“严”“实”。“一”主要指教师教育者的研究行动和研究计划一致、研究数据和数据解释一致、报告内容与研究过程一致。“清”主要指教师教育者的研究计划清晰明了，研究过程公开透明，研究结果和研究报告翔实清楚。“严”主要指研究计划设计严密、研究过程步骤严整、研究论证逻辑严谨。“实”指研究的背景真实、问题真实、过程真实、结果真实、计划切实。教师教育者需要不断思考：

严谨的自我研究的研究实践是什么样子？

我如何尽力提升研究的严密性？

如何严格开展每一步研究？

如何确保研究清晰透明？

该研究的可信性、有效性、完整性如何？学术价值如何？潜在的问题是什么？

如何进一步深化我的研究？

（二）撰写研究报告

写作也是一种思考。为了防止遗忘并进一步与他人交流、分享，教师教育者需要将自己开展自我研究实践的过程以报告形式清晰地记录下来。报告的撰写过程有利于教师教育者再思考和再提炼对教学的认识，保留弥足珍贵的教学和研究经验。报告应清晰、客观、正确、可读，大体包含如下部分：

一是题目。题目要简洁明了，概括性强。

二是研究问题概述。需清晰介绍研究问题、研究目的、研究情境等，便于读者了解研究问题的来龙去脉和研究的意义。

三是文献综述和研究价值。主要介绍本研究的相关理论基础和背景信息，确定研究的研究价值。

四是概念界定和研究方法的选择。

五是实施过程。简单记录实施过程中数据收集、分析和整理的情况，介绍关键事件、关键人物、突出的问题及所做的调整和变化等。

六是研究结果和讨论。描述本研究的主要发现，并展开充分的解释与讨论，回顾研究过程，总结研究效果，评价研究的成功和不足之处，明确下一步有待深入探讨的问题或努力的方向。

七是参考文献。详尽列出本研究引用过的文献，引用格式遵循一般学术期刊的写作要求。

八是鸣谢。在报告的结尾郑重感谢研究过程中以任何形式参与本研究或给予本研究大力支持的个人或机构。

九是作者或合作者的相关信息。在报告末尾注明作者的通信地址，方便对本报告感兴趣的读者和作者交流联系。

撰写研究报告是一项十分繁重的任务，写好报告也需多方努力和保障。一是时间上，需要整块或相对集中时间，最好一气呵成。二是内容上，需要点滴积累，功在平时，写作时只要通盘设计、厘清顺序就能厚积薄发。三是感情上，注重移情，多从听众或读者角度设计报告的写法和措辞。另外，在撰写研究报告前后，可以邀请他人帮助完善写作计划、阅读报告内容、提出修改建议等。

六、公开成果，接受他评

“不识庐山真面目，只缘身在此山中。”教师教育者时常囿于“自我”的视角，难以超然地从“他人”视角思考问题，而同事或学生可能会以完全不同的视角和思维方式看待这一问题。为保证自我研究成果的可信性和有效性，自我研究强调要由“读者”对研究结果进行评判，这些“读者”可能是研究的合作者、参与者，也可能是对研究感兴趣的人，还可能是进行同行评议的专家、学者。所以，教师教育者需要公开自己的研究成果，与他人分享，接受他人评价。

公开研究成果的途径很多。教师教育者可以在网络上通过微信公众号、微博等形式公开自己的成果，也可以通过专业期刊发表自己的成果，还可以通过参加各类国际、国内学术会议呈现研究成果。在国外，“自我研究国际会议”每年都会定期召开，交流教师教育者的自我研究成果；自我研究专刊《研究教师教育》也会刊登教师教育者们所做的自我研究。无论以何种形式公开研究成果，都将大大有利于促进教师教育者的专业成长。

七、改进行动，启动新研究

教师教育者通过自我研究获得学习和发展，这意味着自我研究的结果要被应用于行动之中，即把通过自我研究获得的新理论应用于改进实践，而新的实践又孕育着新的自我研究机会。实践是不断变化的，自我研究的情境也是不断变化的，教师教育者需要不断管理和研究这种情境，不断调整行动。可见，一个自我研究的结束孕育着另一个自我研究的开始，而且一次高于一次，形成了一个螺旋式上升的过程，教师教育者正是在这一过程中不断深化对教学实践的认识，获得持续的专业发展。

以上，我们对自我研究的完整实践过程进行了全景式介绍。需要注意两点：一是自我研究并非完全按照这些步骤线性地进行，因此广大教师教育者不必机械模仿，完全可以根据自身情况确定灵活的研究方式和步骤；二是亲身体验是理解自我研究的唯一方式，只有在实践中才能感悟自我研究的独特意蕴，因此广大教师教育者要在脚踏实地的教学实践中开展自我研究，将教学和研究有机结合。

第五章　高质量教育发展背景下教师教育者成长之困

新时代高质量教育发展背景下，教师教育者需要不断适应发展变化的新形势、新要求，满腔热忱、精神饱满地投身于教师教育工作。然而，教师教育者的发展依然无法回避很多困境和问题，如教师教育者的专业身份模糊问题、教师教育者的素质基础薄弱问题、教师教育者开展自我研究的相关保障问题、自我研究的本土化问题，等等。正视和不断解决这些困境与问题，将为推进教师教育者开展自我研究、促进专业成长扫清障碍，更将惠及夯实教师教育基础，推动国家教育事业的可持续发展。

第一节　教师教育者的专业身份模糊问题

教师教育者开展自我研究，首先需要明确自己的专业身份和角色，不断思考“我的角色是什么”“我的职责是什么”“我该怎么做”等基本问题，从而为开展自我研究提供动力。但是长期以来，我国教师教育者的专业身份一直比较模糊，对“谁是专业化的教师教育者”

认识悬而未决①。开展自我研究，首先要考虑这个问题。

一、教师教育者专业身份模糊的主要表现

（一）教师教育者“专业身份确定难”

由于教师教育制度的转型，我国对教师教育者的专业身份一直难以确定。究竟哪些人属于“专业的教师教育者”，目前尚无定论。过去人们习惯把师范教育制度内所有从事教学和研究工作的人员都称作“教师教育者”。但是，在教师教育向大学化转型以后，教师教育的责任多由专门的教师教育或教育学院来承担，这意味着非教师教育或教育学院从教师教育体系中相对脱离，“教师教育者”的称号似乎只属于教师教育或教育学院的教师。而长期以来，在教育系（所）等基础上建立起来的教育学院或教师教育学院的教师只承担着专业课的教学，而没有从事过真正完整意义上的教师教育任务，他们对教师教育者角色和身份的认同并不到位，更不要提其他来源的教师教育者了。此外，教师教育转型时期组织机构的变革带来了资源分配、利益分配、组织管理、有效评价等问题，一定程度上加剧了教师教育者缺乏组织归属感和身份认同感。

由于这些原因，教师教育者的专业身份一直难以确定，这种身份的模糊导致我国至今也难以认定谁是出色的教师教育者。正如我国学者朱旭东教授所说：“在我们国家的教师教育制度内，长期以来没有一个明确的专业教师的身份，即使独立的师范体系中的教师是否都是专业教师教育的教师也没有确立，在专业化过程中，确立专业教师地

---

① 参见朱旭东：《如何理解教师教育大学化？》，《比较教育研究》，2004 年第 1 期，第 1—7 页；李学农：《论教师教育者》，《当代教师教育》，2008 年第 1 期，第 47—50 页。

位的合法性和合理性已经成为我国教师教育的当务之急。"①

（二）教师教育者"身份认同难"

"身份认同"（identity）是社会学、心理学、文化学等多学科共同关注的概念，学术界普遍认为，"身份认同"就是对"我是谁"的回答。法国著名哲学家利科尔将"身份认同"划分为"作为个性（selfhood）的身份认同"和"作为共性（sameness）的身份认同"两部分，并认为应该努力寻求这两部分的统一。②教师教育者的身份认同就是社会对教师教育者的角色期待与教师教育者对自身角色期待的统一，即社会自我与个体自我的统一。

教师教育者"身份认同难"主要表现为：教师教育者个体对自身角色认识不够，很多人普遍认为自己是"大学教师"，是某一"学科教授"，而很少意识到自己是一位"教师教育者"，这就很容易使他们忽略自己与普通大学教师的劳动差别——"普通大学教师培养各行各业的人才，而教师教育者培养未来的教师"。正因如此，他们很少从"师之师"的角度去思考和改进教学。本研究关于"您认为教师教育者最重要的前三个角色"的调查显示（表 5-1），教师教育者所扮演的角色中最为重要的前三个为"引领者（或指导者）""教学者"与"示范者"，占比分别为 79.52%、63.86%、60.24%，而作为"研究者""教师教育文化推动者""联络者""生产者"角色占比不高，有的甚至非常低。这可能与参与调查的院校为一所普通的地方应用型本科院校有关，但也反映出该校教师教育者对角色和身份认同的局限性。

---

① 朱旭东：《专业化视野中大学化教师教育的十大观点》，《教师教育研究》，2005 年第 1 期，第 3—9 页。

② 参见尹弘飚，操太圣：《课程改革中教师的身份认同——制度变迁与自我重构》，《教育发展研究》，2008 年第 2 期，第 35—40 页。

表 5-1 教师教育者最重要的前三个角色

选项	小计	比例（%）
A. 示范者	50	60.24
B. 教学者	53	63.86
C. 激发者	35	42.17
D. 引领者（或指导者）	66	79.52
E. 联络者	1	1.2
F. 研究者	25	30.12
G. 生产者	0	0
H. 教师教育文化推动者	19	22.89
I. 其他	0	0

上述调查结果与已有研究结果存在一致之处。刘径言的调查研究显示，教师教育者的身份认同总体得分不高。在满分为 5 分的标准下，教师教育者对专业责任的认同度是 3.8 分；对专业组织的认同度最低，为 3.13 分；在专业责任的二级维度中，师范生的责任得分最高，为 3.93 分，研究者的得分最低，为 2.92 分，属于中等偏下水平。①

教师教育者的身份建构和认同是个复杂的过程，伴随着复杂的矛盾关系，体现在教师教育者角色多样性带来身份的矛盾、模糊与紧张，包含作为研究者与教师的教师身份之间的矛盾、作为教师的教师与大学教师之间的矛盾。教师教育者在理论、研究和实践中占据着“第三空间”，处于教育理论与实践、高等教育与基础教育、师范性与

① 参见刘径言：《教师教育者的身份研究》，中国社会科学出版社，2022 年，第 132 页。

学术性的中间地带。[①] 教师教育者作为跨界人[②]或跨界的能动者[③]，需要通过多种途径明确和平衡身份，提升关键素养。

二、解决专业身份模糊问题的主要对策

教师教育者缺少明确的专业身份，对自身认同不够，将会直接影响其开展自我研究的动力。按照康纳利（F. Michael Connelly）的说法，身份模糊“不利于帮助教师教育者不断思考：我是一名怎样的教师教育者？我对教学的信念是什么？在我的课堂中，我要和学生做什么？在学生/家长/行政人员眼中，我是怎样的教师教育者”[④]。那么，如何明确教师教育者的专业身份，促进其身份认同呢？笔者认为，大概有以下备择途径。

（一）设置教师教育专业和教师教育教授席位

“有专业，才有地位”，只有在教育学院设置教师教育专业才会明确教师教育者的专业身份。国外的经验是“教师教育专业一般设在教育学院的课程与教学系，有的直接建立教师教育系，这类院系的教师从事教师培养和教师教育方面的问题研究，一般称他们为教师教育者”[⑤]。朱旭东教授指出，鉴于“教育学教授不足以承担起专业教师的责任，而传统上，教学法教授是在课程与教学论领域内得到合法地位

---

① 参见刘径言：《教师教育者的身份研究》，中国社会科学出版社，2022 年，第 176—179 页。

② 参见龙宝新，陈晓端：《跨界人：教师教育者的身份定位及其关键素养》，《河南师范大学学报》（哲学社会科学版），2020 年第 6 期，第 145—152 页。

③ 参见王鉴. 跨界的能动者：《教师教育者专业成长路径探析》，《中国教育学刊》，2019 年第 7 期，第 84—90 页。

④ CONNELLY F M，CLANDININ D J. *Shaping a Professional Identity*：*Stories of Educational Practice*. New York：Teachers College Press，1999：3.

⑤ 朱旭东：《如何理解教师教育大学化》，《比较教育研究》，2004 年第 1 期，第 1—7 页。

的，和课程与教学论专家并置在一起，其角色和地位都很尴尬。在专业化过程中，专业教师的地位应该在大学设置教师教育教授中获得合法性”①，因此，“要在教师教育专业和项目下设置教师教育的教授席位，建立教师教育的教授制度”②。教师教育教授应当既是理论专家，又是实践专家，他必须深谙中小学课堂，同时又具备作为大学教师所需的学历等基本条件，其不断往来于大学和中小学课堂，具备较高的理论素养和实践经验。

学者李学农也认为，只有专门从事教师教育活动的教师才能称作教师教育者。他们把师范生的专业素质发展作为自己的唯一的任务，把自己的全部精力都放在这一专业领域的研究和教学上，他们是教师专业发展的引领者，是教师专业发展的导师。我们还应打造一支能够使教师专业素养得以充分发展的教师教育专业团队，“教师教育专业化，要靠专业化的教师教育者队伍来实现”③。

可喜的是，我国教师教育机构的变革已经展现了这方面的努力。一方面，开设教师教育专业或承担教师教育任务的院校呈现多样化；另一方面，教师教育院系建制在不断增多④，截至 2019 年 6 月，全国冠以“大学”的高校中，有 25 所师范大学、27 所综合性大学成立了教师教育学院（或教师教育学部、师范学院）。若加上冠以“学院”的高校，设置教师教育学院的高校还会更多。⑤《中共中央国务院关于

---

① 朱旭东：《如何理解教师教育大学化》，《比较教育研究》，2004 年第 1 期，第 1—7 页。

② 朱旭东：《专业化视野中大学化教师教育的十大观点》，《教师教育研究》，2005 年第 1 期，第 3—9 页。

③ 李学农：《论教师教育者》，《当代教师教育》，2008 年第 1 期，第 47—50 页。

④ 参见王健：《我国教师教育学的逻辑起点研究及学科体系构建》，华东师范大学博士论文，2009 年。

⑤ 参见刘建银，杨皓宇：《我国教师教育学院的组织生成与变革：基于 52 所大学的分析》，《当代教育论坛》，2021 年第 4 期，第 79—86 页。

全面深化新时代教师队伍建设改革的意见》《教师教育振兴行动计划（2018—2022年）》及习近平总书记在2018年全国教育大会上的重要讲话精神等明确部署落实了强师兴教战略，促进了教师教育改革与创新，加强了教师教育学科和专业建设，优化升级了卓越教师培养，积极推进了“新师范”建设，这些将大大有利于突出教师教育的专业特性和教师教育者的专业身份。

（二）加强教师教育者的专业理想教育，强化其身份认同和责任意识

当前条件下，我们可以通过各种形式的活动加强教师教育者的入职和在职专业理想教育，引导其不断形成专业自我。专业理想是指教师教育者在对教师教育工作感受和理解的基础上所形成的关于教师教育的本质、目的、价值和生活等的理想和信念，这是教师教育者开展专业行为的理性支点与动力支持。

这种专业理想教育旨在时刻提醒教师教育者的身份和责任意识，力求春风化雨、润物无声。专业理想的形成需要通过外力引导和教师教育者的自主规划。在外力引导方面，主要指抓住有利时机适时开展系列思想教育活动，比如在教师教育者入职或岗前培训时精心策划隆重的入职仪式，安排领导寄语、新老教师教育者结对、交流经验、学生代表发言、新教师教育者发言等环节，让新教师教育者从一踏上工作岗位就有明确的身份意识，同时是对老教师教育者的鞭策。再比如，开好退休教师教育者欢送会也是对在职教师教育者的一次思想洗礼，可以采取让退休教师教育者回顾自身历程、发表人生感言、传经送宝、寄语年轻人等方式。还可以抓住迎新生、毕业典礼、实习总结或教师教育者工作、生活、学习或研究中的一些“关键事件”适时开展思想教育活动。活动中留下的影像或文字资料，长期积淀，将成为

一种宝贵的院系文化和精神财富。在自主规划方面，要鼓励新老教师教育者自主规划切实可行的近期、远期发展目标及行动策略，不断调整落实，及时总结和交流，并接受公众监督。这里需突出实效性，即鼓励教师教育者不做“虚假的规划”“好高骛远的规划”，而做“实在的规划”，能够切实有效指引自己的行动，这样进步才会更快。

（三）建立电子成长档案袋，真实记录教师教育者的成长世界

档案袋最初用于画家或摄影家汇集整理自己的代表作品之用，20世纪90年代被用于教育教学领域对学生进行评价，在国外，它现已被广泛用于教师教育、教师认证和教师专业发展中。随着计算机和网络技术的发展，电子档案袋（electronic portfolio）日趋流行，它指“用数字技术（计算机技术）作为容器，存储教师或学生的作品以及对这些作品的自我反思和相互评论”。它可以记录教师教育者的教案、教学反思日记、随笔、学生的反馈及作品、教学场景影像资料等，具有便于交流和讨论，表现力强，支持超链接、存储、发布、更新、查找、管理的优势。北师大的申继亮及其团队已经设计、开发了这样的电子档案袋系统，它可以成为教师教育者记录自己的喜怒哀乐、真实经验世界和心路历程的有效方式，帮助教师教育者实现与自己、同事、学生、其他研究者等实现自由的“对话”和交流。而且，它为教师教育者提供了一个向自己和他人敞开心扉的平台，从而不断关照自身，适时调整自我。

陶行知先生曾说过，教师的职务是“千教万教，教人求真”，学生的职务是“千学万学，学做真人”，又说，“真教育是心心相印的活动，唯独从心里发出来，才能达到心灵的深处”。① 教师教育是培养从

① 中国陶行知研究会：《爱满天下：陶行知名言警语》，同心出版社，1999年，第215页、第218页。

事“真教育”的教师的事业，它需要教师教育者明确自我身份和角色意识，从内心出发真正主动追求合理的、幸福的、合群的真实生活。

第二节　教师教育者的素质基础薄弱问题

自我研究是一项极具挑战性、创造性和复杂性的活动。教师教育者除具备开展自我研究的良好愿望和热情外，还需要具备一定的素质基础。学者刘径言认为，自我研究对教师教育者的素质要求很高，他们需要具备知识消费者的能力，工作中从多学科视角开展研究；要有区分教师教育问题，并能用通用语言和视角解释的能力；具有从道德、伦理、社会、经济等多层面认识问题的能力；具有教师教育者的兼职身份及研究时间抽离和知识系统性等问题。① 但是当前，总体而言，教师教育者的素质基础还相对薄弱，同开展自我研究的素质要求相比还存在一定差距。正视和解决这一问题，是顺利开展自我研究的先期要求。

一、教师教育者素质基础现状

（一）问题意识相对淡薄

所谓“问题意识”，“就是人对自己周围的各种现象，尤其是在自己研究的领域里，不采取轻信的态度，而总是自觉地抱着一种怀疑的、思索的、弄清楚问题的积极态度”②。国际知名教育改革专家迈克尔·富兰也曾说：“问题是我们的朋友，因为我们只有深入到问题之

① 刘径言：《教师教育者的身份研究》，中国社会科学出版社，2022年，第206—207页。

② 俞吾金：《如何理解“问题意识”》，《长江日报》，2007年6月28日第12版。

中，才能够提出创造性的解决办法，问题是通向更加深入的变革和实现更为满意的途径。”① 自我研究要求教师教育者要具有敢于质疑的精神，只有在质疑中才能发现问题，才能确定自我研究的问题，“问题意识”是开展自我研究的首要条件。然而，我国教师教育中最成“问题”的问题就是缺少“问题”。就师范生而言，由于长期受“授受式”教学和考试方式的影响，其思维习惯已经固化，在“缺乏问题”的环境中学习已成常态，年龄越大，越是提不出问题来。就教师教育者群体而言，由于对师范教学认识不足，缺乏了解中小学教育实际等原因，同样是在“缺乏问题”的环境中进行教学。长期以来，很多人满足于照本宣科式的“按纲施训”，“问题与否”已变得不再重要。这种缺乏问题的教学与开展创新教育的精神背道而驰。

一项针对河南某师范大学三年级400名文理科师范生的问题意识调查显示：有48.7%的学生回答“在大学学习期间基本不提问题或从来不提问题”；有44%的学生回答“随着年级增长，问题基本不变甚至有所减少”。问及“基本不提问题或从来不提问题的原因”，回答集中在“课程结构不合理”“课堂缺乏提问的气氛”和“考试制度不合理”三项，合计占40%。在对待老师平时所讲知识的态度方面，4%的人选择“从不质疑”，38%的人选择“有疑问但不提出”，38%的人选择“有疑问但不追根究底”，20%的人选择“提出并与老师或同学讨论”。②

另据一项研究显示：师范生对教师的教学方法满意度不高，约32.94%的师范生认为教师大都照本宣科；约31.76%的师范生认为教

① [加] 迈克尔·富兰：《变革的力量：透视教育改革》，中央教育科学研究所、加拿大多伦多国际学院编译，教育科学出版社，2000年，第37页。

② 参见冯喜英：《高等师范院校学生问题意识状况的调查与思考》，《教学研究》，2008年第2期，第122—125页。

师侧重对教学理论的灌输而缺乏案例分析等切合实际的内容；约37.74％的师范生认为教师的讲授内容非常陈旧，很少涉及新的与教育相关的新闻、事件或政策。① 综上表明，师范生的问题意识不强，但更能映射出教师教育者在教学中问题意识较差、缺少营造问题式教学的氛围、缺少培养师范生问题意识的引导。另一个不容乐观的现实就是，在中小学，很久以来，“去问题教育”② 同样让学生的问题意识日益萎缩。问题意识淡漠已成为当前教师教育乃至整个教育领域的普遍现象。

（二）合作意识相对缺乏

“合作”是开展自我研究的基础。教师教育纷繁复杂，个体经验独特有限，教师教育者需要多视角的思考和审视以开阔视域。自我研究也不仅研究教师教育者自己，还包含与自我相关的他人。所以，教师教育者必须要具有与人合作的意识和能力，建立与他人平等对话与交流的平台。但在现实中，这种对话和交流尚不尽人意，主要体现在以下方面。

一是教师教育者与学生沟通较少。一项关于高校师生关系的调查显示：只有21％的学生能记得全部教师，只有18.4％的教师记得全部学生。③可见，教师与学生的沟通交流十分有限。究其原因，比较复杂：有的教师害怕学生多说多问，自己露怯；有的教师担心受到学生的质疑，有失颜面；有的教师不相信学生会有什么新异见解；有的教

---

① 参见朱旭东，等：《中国教师教育体系研究》，北京师范大学出版社，2020年，第29页。

② 参见袁振国将这种学生带着问题进教室，没有问题走出教室的教育形象地成为“去问题教育”。袁振国：《问题与答案　哪一个更重要？——新世纪基础教育改革的微观思考之一》，《人民教育》，2001年第4期，第7—9页。

③ 转引自余桂红：《论师生关系的疏离与大学生主体性》，《云南教育》，2003年第6期，第43—46页。

师教学任务繁重，没有和学生交流的时间和机会；有的则是因为现在很多大学培养规模很大，教师精力有限，难以了解；等等。由此造成了师生之间沟通有限、关系疏离，学生不能成为教师教育者反馈的“镜子”和有力的合作者，教师也往往因此而困惑苦恼。

二是教师教育者和同事之间协作不多。受教学任务、个人性格、利益考量等诸多因素影响，很多教师教育者囿于自己的小圈子唱“独角戏”，未能形成开放的思想交流。他们有的狭隘地担心自己的想法会被他人“据为己有”；有的害怕他人“崛起”会威胁自己的地位；有的顾及个人行动效率比较高，人多则会高耗低效。能够把大家聚合到一起的教研活动也往往“有名无实”“耗时低效”，具体表现为时间短、共同话题少、难以形成共识，等等。此外，很多分散的教师教育者缺乏组织归属感，由此带来学术的分离与竞争，表现为教师教育者之间的自说自话、疏离轻视。其结果是如果不扭转现状，同事将不能很好地成为教师教育者开展自我研究的合作者。

三是教师教育者与中小学教师、专业研究人员的沟通与交流有限，这也在一定程度上阻碍了教师教育者对理论与实践的深入理解，影响了自我研究认识的深度和广度。笔者对几位教师教育者的访谈中曾涉及他们了解中小学的方式和时间（见表 5-2），结果显示，他们有些是以家长身份接触中小学，有的利用课余时间到中小学听课，有的借助带领学生见习、实习的机会了解，但总体上来说，因时间短且分散，其与中小学教师沟通不足，收获有限。

表 5-2　几位教师教育者的教学相关时间情况统计表①

单位：小时/周

活动及时间		合作者				
		严老师	曹老师	景老师	总计	平均
备课	时间	8	4	8	20	6.7
	比例（%）	28.6	10.5	18.2	18.2	18.1
上课	时间	16	13	16	45	15
	比例（%）	57.1	34.2	36.4	40.9	40.5
研究	时间	1	8	2	11	3.7
	比例（%）	3.6	21.1	4.5	10	10
阅读	时数	1	10	10	21	7
	比例（%）	3.6	26.3	22.7	19.1	18.9
去中小学	时间	1	1	2	4	1.3
	比例（%）	3.6	2.6	4.5	3.6	3.5
沟通学生	时间	1	2	6	9	3
	比例（%）	3.6%	5.3%	13.6%	8.2%	8.1%
教学相关总时间		28	38	44	110	37

（三）理论水平有待提高

理论和实践是互动共生的关系，自我研究虽是对实践的研究，但并不排斥理论，在研究过程中也需要理论的支持。对于教师教育者而言，理论修养越高、知识面越广，越能够对实践问题有更深入的认识，越能增进自我研究成果的理论价值。但是目前，就教师教育者队伍的整体状况而言，理论水平还有待提高。究其原因，一是不少教师教育者教学任务繁重，无暇顾及理论研究工作；二是有的教师教育者

① 依据笔者对几位教师教育者的访谈资料统计而成。

满足于教学现状，不愿花费精力进行艰苦的理论研究工作；三是不少教师教育者第一学历偏低，虽然入职以后通过各种形式完成了“学历补差”，但由于没有受过系统、扎实的学术训练，理论研究能力比较有限。本书通过对83位教师教育者进行学历提升方面的调查发现：选择“几乎没有”和“没有学历提升”的比例分别为18.07％和43.37％，即超过60％的教师教育者没有进行过学历提升。

二、提高教师教育者素质基础的主要对策

教师教育者素质基础状况，直接影响到他们开展自我研究的热情和质量，因此，正视和解决这些问题就成为当务之急。

（一）以核心素养为导向的教学改革为契机，强化教师教育者问题意识的培养

当前，基础教育改革正迈入核心素养的新时代。① 教育部在《关于全面深化课程改革 落实立德树人根本任务的意见》中明确界定核心素养的内涵是“学生应具备的适应终身发展和社会发展需要的必备品格和关键能力”。以核心素养为导向的教学改革必须要重建确立核心素养导向的教学观，就教学方向而言，开展基于立德树人的教学；就教学内容而言，开展基于课程意识和学科本质的教学；就教学主体而言，开展基于学生学习的教学②。以核心素养为导向的教学改革是一项庞大的系统工程，更多指向深度学习和可见的学习，更加面向学生学习中心，更加强调基于理解性的知识建构，以及真实情境下主动学习和解决问题，更加涉及高阶思维活动，注重获得高级认知技能。这

① 参见余文森：《核心素养导向的课堂教学》，上海教育出版社，2017年，第1页。

② 参见余文森：《核心素养导向的课堂教学》，上海教育出版社，2017年，第100页。

需要教师树立学生立场，改变教学方法，重点培养学生的问题意识和批判性创新性思维。要培养学生的问题意识，需要教师具有问题意识；而要培养教师的问题意识，又需要教师教育者具有问题意识。如此看来，教师教育者问题意识的培养，处于整个人才培养工作的塔尖，具有极其重要的地位和作用。

强化教师教育者问题意识的培养，一是需要教师教育者养成“发现问题就是发现发展空间”的态度①，把自己当作教学工作的“陌生人”，用新奇的、差异的目光审视教学中的一切，包括自己的课堂、学生、教材和教法，坚持学生中心产出导向，开展基于核心素养的教学变革；二是善于寻找美中不足、善于推陈出新、善于逆向思维、善于打破常规，不断“向传统和保守的习惯宣战”；三是必须要求自己的教学与以往不同，必须从教学经验中产生新的学习；四是不要剥夺学生的“话语权”，不能害怕在学生面前“丢丑”；五是预留师生交流与反思的时间，让学生体悟学习对未来职业的影响。

我国著名教育家陶行知先生每日有“四问”：第一问，我的身体有没有进步？第二问，我的学问有没有进步？第三问，我的工作有没有进步？第四问：我的道德有没有进步？②作为教师教育者，我们不妨再增加几问：我的问题意识有没有提升？我的教学有没有改进？我的学生有没有变化？

（二）以转变传统教学模式为牵引，以建立自我研究共同体为依托，强化教师教育者合作意识的培养

针对教师教育者合作意识缺乏的问题，应采取各种有效的手段措

---

①　参见叶澜：《“新基础教育”成型性研究报告集》，广西师范大学出版社，2009年，第199页。

②　参见中国陶行知研究会：《爱满天下：陶行知名言警语》，同心出版社，1999年，第136页。

施，增进彼此的交流与合作。

1. 以转变传统教学模式为牵引，强化教师教育者合作意识的培养

教师教育者要改变传统的以教师为中心的教学模式，倡导开放式、体验式教学，尊重、信任学生，赋予学生更多思考问题、表达思想的时间和机会，并可以通过公开自己的电子邮箱、手机号码、微信号、微博账号等信息的方式诚挚欢迎学生对教学进行评价、反馈、公开交流。舒尔曼曾说："高等教育中教与学是紧密相连、无法分开的，……教学是一种公共财富，而交流是其中最关键的因素。"①教师教育者可以在学期初、学期中或学期末召开师生教与学经验交流会，彼此坦诚交流、互通有无，共同致力于提升教学水平。本书访谈显示，广大教师教育者普遍越来越具有团队合作的意识和行动，在完成教学任务或开展科研项目时，会根据实际任务的难度和任务量等选择合适的解决方式，独立思考与团队合作并行。

2. 以建立自我研究共同体为依托，强化教师教育者合作意识的培养

自我研究倡导以共同语言、兴趣为基础的对话和互动。因此，可以考虑以兴趣、课题等为基础建立自我研究共同体，加强教师教育者合作意识的培养。比如，可以改组教研室传统的、机械的人员划分方式，打破这种人为限制，甚至可以打破学科、院系或者国别限制，以课题、兴趣或关注点为纽带，开展跨教研室、跨学科、跨院系甚至跨国界的研究，以吸引具有共同旨趣、乐于分享与合作的教师教育者、理论研究者、学生等结成自我研究共同体，分享经验、探讨问题、发

---

① TRIGWELL K, MARTIN E, BENJANMIN J, et al. *Scholarship of Teaching: A Model*. Higher Education Research & Development, 2000, 19(2): 155—168.

展学术。这样做的好处在于：一是以课题或兴趣为基础，便于提升成员的积极性；二是可以整合优势资源，实现学科间的沟通，开阔教学和研究的视野；三是避免了一定的利益纷争，体验“在一个没有竞争和高度支持的文化中的学术安全感”①，进而有效提升合作意识，便于产生新的教学和研究成果。

这种做法也要注意如下问题：一是可能引发原有教研室的解体，进而带来管理问题。如能转变观念，变行政管理为学术管理，教研室模式和自我研究共同体完全可以实现融合。二是学科间的沟通问题。共同体成员之间要相互熟悉对方的专业知识、学科语言、研究范畴、研究模式和研究方法，学会倾听、相互信任、互取所长，实现“双赢”。三是合作的“度”的问题。教师教育者在合作的同时，也需保持适当的独立性。如帕尔默所言：“要成为一名更好的老师，我必须养成一种既依赖他人又不依赖他人反应的自我感——这是一对真实的矛盾。要学好这一课，我必须进行一次孤独的旅行，深入探索我自己的本性。”②

（三）以终身学习理念为指导，大力加强理论学习，不断提升教师教育者的研究能力和理论水平

终身学习是指每个社会成员为适应社会发展和实现个体发展的需要，贯穿于人的一生的，持续的学习过程。针对理论基础较为薄弱的现状，教师教育者应在终身学习理念的指引下，大力加强理论学习，夯实理论基础，不断提升科学研究的能力和水平。在学习过程中，应注意以下几点：一是学习的计划性。教师教育者的理论学习不是临时

① Julian Kitchen. Teaching as Scholarship: Improving Teacher Education through Self-Study [EB/OL]. http://profed.brocku.ca/docs/vol5/num2/anum4.htm.

② ［美］帕克·帕尔默，等：《教学勇气：漫步教师心灵（十周年纪念版）》，吴国珍，等译，华东师范大学出版社，2014 年，第 68 页。

抱佛脚，现用现学，而需在日常工作中有目的、有计划地进行，重在积累。二是学习的针对性。理论学习要结合一定时期的实践工作和研究需要有针对性地进行，重点检索和阅读某一方面文献，并需要对相应的理论进行甄别，选择最具权威性而又相对易于理解的理论文献进行阅读。三是学习的理解性。要针对理论产生的背景、渊源、内涵及解释范围等进行深入理解和思考，并做好笔记，以备研究分析参考之用。四是学习的多样性。教师教育者可通过阅读著作、期刊、网络资源等进行学习，也可通过参加学术会议、学术沙龙、工作坊等方式进行学习；教师教育者不仅要学习本学科的专业知识，也要涉猎多学科理论。五是学习的方法性，教师教育者需要学习相关的科学研究方法，如质性研究、量性研究等，增进研究的科学性、严谨性。教师教育者也可以使用一些数据管理软件管理自己的学习，如通过NoteExpress、Endnote等软件建立教学和研究资料数据库，专门用于收集、整理、记录相关理论资源、学习体会和日常的思维与灵感等，以备研究之用。

第三节　教师教育者开展自我研究的相关保障问题

教师教育者开展自我研究需要一系列的保障，如时间保障、机制保障、学科专业保障，等等。因此，建立有利于自我研究发展的各种保障机制，是开展自我研究应解决的又一重要问题。

一、开展自我研究的时间保障问题

当前，在教师教育院校尤其是教学型教师教育院校，教学任务繁重已是有目共睹的事实，教师教育者整日疲于教学，根本没有时间顾及科研工作，这是阻碍教师教育者开展一切研究的主要问题。笔者曾对几位合作者的工作时间进行过简单统计，其结果正如其中一位合作者所说："时间非常紧张，教学工作量太大，这是我研究中面临的主要困难。"① 在对 83 位教师教育者关于发展中问题的调查显示，认为时间紧张的占 28.92％。

繁重的教学任务使很多老师"忙于教而疏于研"，这与大学教师应当是"研究者"的要求相背离。然而，不合理的"重科研，轻教学"的教师评价制度，又使得教师教育者不得不关注科研，很多教师教育者处于教学与科研的矛盾和夹缝之中。为了生存，他们极力应对各方需求，于是虚假科研、泡沫科研、剽窃科研等学术乱象层出不穷，学术风气狂热浮躁，学术市场虚假繁荣，研究成果指导性差。教师教育者未能从研究和教学中体验到多少兴奋感和满足感，拥有的只是越来越多的抱怨、焦虑和倦怠。

故此，笔者认为，教师教育质量提升之源在于教师教育者。教师要给学生"减负"，学校也要给教师"减负"。教师教育者所在机构应充分认识上述问题带来的潜在危害，统筹协调，坚持效益，合理安排教学工作量，给教师教育者"减负"，保证其开展自我研究所需的时间。同时，教师教育者也应当善于利用和管理时间。尼采曾说："你永远不可能找到时间，你只能创造时间。"教师教育者可以借鉴他人在时间管理方面的经验和建议，如放松些，你不可能做完所有的事；

---

① 据笔者了解，合作者所在学校原额定工作量最低要求曾经长期是每年 330 学时。以当时每学期上课 18 周计，需周均上课 9 学时。而实际上，我的合作者周均上课时间已达 20 学时。若按每节课 45 分钟，课堂教学时间和备课时间比例 1∶3 计算的话，我的合作者每周用于教学的时间已达 60 小时以上，日均 12 小时，这是相当繁重的教学任务。几经建议，现在其学校额定工作量为每学年 300 学时。

确定研究的近期、中期、长期目标，列出计划清单，并据此分配时间；抵制拖延；尽可能与他人合作；对超负荷工作保持敏感；工作时一心一意，心无旁骛；不要假装完美；等等。① 以此，为自我研究赢取更多时间。

二、开展自我研究的机制保障问题

一直以来，我国传统学术评价机制存在“重科研，轻教学”的错误导向。在这种错误导向下，教学的地位低下，教学或教研成果往往不被认可。这和自我研究的“实践”倾向相背离，所以要想确保教师教育者顺利开展自我研究，就必须提升教学的地位，建立和完善“教学学术”的评价和激励机制。

“教学学术”的思想是 20 世纪 90 年代美国著名教育家博耶提出的。他认为，教学也是一种学术，因为教学也需要分析综合，把知识以一种新的、更有效的方式呈现出来，教师在教学活动中同样会表现出学术活动所具有的创造性。②“教学学术”不仅是学科教学知识，而且是教师在教学实践中把理论与经验相结合而形成的实践智慧以及在实践中表现出来的各种能力。教学学术的提出，旨在提升教学的地位。因此，重视教学学术需要各界转变对教学的认识，像重视科研那样，从思想和行动上重视教学，为教师教育者开展自我研究创造一个充分尊重教学、研究教学学术的有利环境，并建立相关的保障机制。

一是建立科学的教师教育者评价机制。这一机制应该能够全面、灵活地反映教师教育者在教学、科研等方面的业绩，尤其突出其教学

① 参见［英］霍姆斯《教师的幸福感——关注教师的身心健康及职业发展》，闫慧敏译，中国轻工业出版社，2006 年，第 108—110 页。

② 参见［美］唐纳德·肯尼迪：《学术责任》，阎凤桥等译，新华出版社，2002 年，第 80 页。

学术水平，引导和鼓励他们进行日常教育教学实践创新和研究，重点考察他们的教学态度、教学能力和教学效果；坚持多样化、人性化、动态性、整体性、灵活性的评价原则，应区别对待不同年龄段、不同层次的教师教育者；针对科研和教学的特殊性，可制定一些灵活的转化措施，如对于教学成绩突出但科研成果较弱的教师教育者，可以加强教学方面考核，适当降低科研标准或在权重上进行比例换算等。

二是改革和完善职称评审制度。进一步加大教学方面的职称评审比率，提高教学学术在其中的应有地位，把教学知识、教学反思、教学成果、教学学术传播等作为主要评审指标，确保教学优秀但科研较弱的教师也能顺利晋升职称，特别突出者甚至可以破格晋升，从而有效激励教师教育者关注和改进教学。

三是建立教学学术激励机制。建立基于教学学术视野的奖励机制，通过设立专项教学基金、课题项目、“教学名师奖”“优秀教学团队奖”等奖项，大力奖励教学水平高、教学效果好的教师教育者及团队。2011 年 3 月，浙江大学首创教学最高岗位——“求是特聘教学岗”，将建立和完善这种奖励机制推向了极致。① 这应成为教师教育领域学习的榜样。另外，仿照“特级教师”称号，国家可以考虑设立“特级教师教育者”称号，奖励那些长期扎根教师教育事业的优秀教师教育者，并加大宣传力度，号召大家学习他们的先进事迹，为广大教师教育者树立榜样。

四是完善师范院校教学研究中心和教学质量保障中心。教学研究

---

① 该岗位享受与学校最高层次的“求是特聘教授”相同待遇，年津贴 20 万元，被誉为教学领域中的“长江学者”，6 位长期从事本科基础教学的高水平教师成为首批受聘者。参见余列平，杨萍：教学领域中的“长江学者”——浙大首创“求是特聘教学岗”[EB/OL]. [2011-4-6]. http://www.zdxb.zju.edu.cn/article/show_article_one.php?article_id=10126.

中心侧重为教师教育者提供卓有成效的教学培训和丰富的教学与研究资源，诸如生涯发展、教学方法建议、讲座设计、初入职教师教育者教学知识、课程设计、教学策略、教学评价内容、教学研究、问题解决、批判思维、时间管理等。1998 年，清华大学已在全国率先建立了教学研究与师资培训中心。[①] 教学质量保障中心主要是为教师教育者的教学及研究和高质量发展提供资金、场地、设备、资源、技术等方面的支持，用便捷的服务保证他们将更多精力投入教学、研究及发展之中。斯坦福大学为了促进教师的教学发展，在其生活、工作、学习与发展等方面都提供了比较全面、细致与周到的指导、服务和帮助，有很多经验可资借鉴。[②] 本书对 83 位教师教育者关于各师范院校如何更好地培养教师教育者的调查数据显示，排在第一的是组织进修、培训、讲座等活动，占 79.52%；第二是实行激励措施（如资金支持），占 72.29%；第三是设立“双师型”教师培训专项，占 69.88%；第四是设置相关标准与考核要求，占 59.04%；第五是配套设施建设，占 54.22%；第六、第七依次是进行教育教学改革和进行思想动员，分别占 43.37%和 27.71%。

五是进一步拓宽教学及研究成果的交流和传播途径。为了解决教学研究成果发表难的问题，可以改版或增加现有教育类、教师教育类期刊版面，专门用于发表教师教育者的教学改革及研究成果，还可以通过学术会议或校际交流与合作等形式加强教学学术交流。

---

① 1998 年 9 月，清华大学在全国最早成立了“清华大学教学研究与师资培训中心”，负责全校教师的上岗培训；组织在岗教师进行师德、课堂教学艺术、现代教育思想、教育教学技术等方面的交流和培训；推荐并组织课堂教学观摩，帮助教师自我训练，不断提高教学水平；进行教学过程、教学质量的信息搜集，进行教学质量的评估；等等。

② 参见吴振利：《美国大学教师教学发展研究》，东北师范大学博士论文，2010 年。

三、开展自我研究的学科专业保障问题

教师教育者开展自我研究需要强有力的教师教育学科和专业支持。我国高师教育虽已创立百年，但至今没有独立的教师教育学科，教师教育专业建设也十分薄弱，教师教育问题多是混杂在教育和教学问题之中，师范院校的"师范性"弱化趋势明显。

这种状况对教师教育者开展自我研究是相当不利的：一是容易导致教师教育者缺乏学科归属感，研究意识和发展意识薄弱；二是容易出现重复、低效的自我研究成果，不利于整合教师教育专业知识；三是无法形成教师教育专业化所需的系统的专门知识和技能；四是难以建立相对独立自主的教师教育者团体。因此，朱旭东教授指出："在我国教师教育走向大学化的现实语境下，以大学的逻辑去思考教师教育问题，无法回避'学科建设'这个核心问题；在教师教育大学化的背景下，教师教育学科建设是一种必然的选择。"①

教师教育学科是教师教育知识体系或教育学术的一个分支，它能够为教师和教师教育的实践服务，促进教师教育者提升教师教育学科研究意识和实践的自觉意识，积极探索学科知识生产的独特方式，深入开展教师教育研究和对实践的理论反思。为加快教师教育学科建设，很多研究教师教育的专家学者提出了许多建设性的意见和建议。如马啸风教授认为，建设教师教育学科，一要提高教师教育学科的成熟度，二要强化教师教育学的实践基础，三要提升教师教育学的研究水平，四要更新教师教育学的研究方法。② 学者杨跃认为，教师教育

---

① 朱旭东，周钧：《论我国教师教育学科制度建设——教师教育大学化的必然选择》，《教师教育研究》，2007年第1期，第6—11页。

② 参见马啸风：《中国师范教育史》，首都师范大学出版社，2003年，第308—309页。

学科建设除了知识体系的重构外，还需要提供学科发展的制度保障：第一，规范考核评价制度，营造自律氛围；第二，创建多元范式、学派，促进知识繁荣；第三，强化学科专业意识，奠定思想基础。① 杨天平教授认为："要促进教师教育学科建设，应准确定位教师教育学科性质，应系统把握教师教育的学科关联，应积极开展教师教育的理论研究，应切实加强教师教育的专业建设，应科学设计教师教育的课程体系，应加强教师教育学科队伍的建设。"② 朱旭东等认为，教师教育学科建设既涉及教师教育知识体系的建设，也涉及以培养高素质、专业化教师人才为目标的教学科目建设，③ 需要从理论、方法、技术等诸多方面和多个维度进行研究，将基于心智、脑的认知神经科学的教育神经学、信息科学及其工程融入教师教育目标的实现当中。④

笔者主张，在融合最新多学科研究知识基础上加快教师教育基本理论研究、教师教育制度政策研究、教师教育发展战略研究、教师教育培养模式研究等的同时，尤其注重加强教师教育者队伍建设和研究，提升教师教育者自觉的学科意识，增强专业认同感和自信心，积极关注自身实践和教师实践中的一切问题，提升理论自觉性，努力从实践中建构活生生的教育理论，并加强与同事和外界的沟通与合作，建立教师教育学术共同体，进而为教师教育学科发展奠定坚实的实践和思想基础。

---

① 参见杨跃：《关于教师教育学科构建的理性思考》，《教师教育研究》，2007 年第 1 期，第 1—5 页。

② 杨天平：《加强教师教育学科建设的几点思考》，《光明日报》，2007 年 3 月 15 日。

③ 参见朱旭东，赵英：《"双一流"建设逻辑中师范院校的教师教育学科建设》，《教育发展研究》，2018 年第 9 期，第 7—14 页。

④ 参见朱旭东，赵英：《再论教师教育学科建设》，《教师发展研究》，2019 年第 1 期，第 32—38 页。

第四节　自我研究的本土化问题

自我研究源自西方，对我国而言属于舶来品。任何国外理论的引进都存在一个中国化、本土化的问题。自我研究理论同样如此，必须要结合我国教师教育的实际情况来进行。“引进—改造—创新”是自我研究本土化的基本思路。

一、客观区分中西方教师教育差异，避免自我研究中的“盲目照搬”

由于中西方国情不同，制度相异，我国教师教育者在开展自我研究时，应认真区分中西方教师教育的差异，避免理论引进中的“食洋不化”和“盲目照搬”现象。中西方教师教育的差异主要体现为以下几个方面。

（一）中西方教师教育者之间存在巨大差异

以美国为例，大学中承担中小学教师培养任务的教师教育者需具有普通教师教育领域或其任教学科目领域的博士学位，并且具有在公立小学或中学工作的经历。实际上，他们大部分时间都往来于大学和中小学之间，这些经历为其进行自我研究奠定了宝贵的理论和实践基础。而我国教师教育者情况则大为不同，学历层次普遍偏低，更是缺乏中小学任教经历，与中小学联系也相对较少，“教学中长期以来偏重理论学习，忽视理论联系实际”①，教师培养中的理论与实践“两张皮”现象十分突出，这对于我国教师教育者开展自我研究，要求其行

① 陈幺元：《从教师专业化之趋势反思高师教育的师范性》，《黑龙江高教研究》，2003年第4期，第23—26页。

为具有示范性有一定难度。

（二）中西方教师教育课程设置之间存在差异

在我国传统教师教育课程中，理论课长期一统天下，课程内容陈旧僵化，课程比例不够协调，学科专业课占全部课程的70%，公共基础课占全部课程的20%，而体现师范性的教育类课程只占全部课程的10%，并渐有被边缘化的趋势。① 实践课程明显不足、脱离中小学教育实际、实习时间安排较晚、时间较短、有时还流于形式。而在美国，“教育专业课在师范学校全部课程中占40%，在普通大学教育系全部课程中占39.3%，在综合大学教育系全部课程中占41.4%”②。相比之下，我国教育类课程占比太低，与师范院校的性质、任务、培养目标的要求极不相称。这在一定程度上阻碍了教师教育者理解和认识实践的意识与行动，降低了其开展自我研究的积极性。

此外，还存在中西方师范生在知识、能力、思维、创造性等方面的差异，教师教育者在教育观念、合作理念、研究方法使用等方面的差异，等等。这些都表明我国教师教育者开展自我研究时不能盲目照搬、简单套用西方自我研究的模式，而是要结合自身情况进行择宜，如采用多样化方法和策略活化数据收集、分析和解释过程，寻求适合自己的研究方式，概括出本土化的教师教育知识等，确保开展真实、可信的自我研究。

---

① 参见李其龙、陈永明：《教师教育课程的国际比较》，教育科学出版社，2002年，第197—198页。

② 朱洪发：《高师院校的办学方向应紧紧围绕“师范性”》，《山东师范大学学报（社会科学版）》，1996年第3期，第64—66页。

二、辩证认识自我研究的利与弊，切忌自我研究中的“全盘接受”

任何事物都存在正反两个方面。自我研究在广受教师教育者欢迎的同时，也受到了来自各界的批评。在这些批评中，有的认为它是自恋的（narcissistic）、自我宽容的（self-indulgent）、自我中心的（egocentric）、唯我的（solipsism）；① 有的认为自我研究关注的范围有限，多数研究仅仅关注区域内的学生个体，忽略了同其他地区，乃至其他国家的联系；② 还有的认为自我研究过多关注其对教师教育者发展的方法论意义，而较少针对具体问题，“若不重视总结在他们的研究中学到了什么以及这种知识如何促进对具体问题的理解，那么，教师教育者们的探究将继续被更加广泛的研究团体和政策制定者所忽视”③。

可见，自我研究有利有弊。因此，教师教育者在开展自我研究的过程中要辩证认识、存利去弊，切忌良莠不分、全盘接受。关于自我研究的益处，前文已述，此不赘言。这里列举自我研究的几点局限，需要在开展的过程中加以注意。

第一，自我研究的有限性。自我研究自诞生以来，已成为教师教

① HAMILTON M L, et al. *Reconceptualizing Teaching Practice: Self-study in Teacher Education*. London: Falmer Press, 1998: 242; COCHRAN-SMITH, M, LYTLE S L. Practitioner Inquiry, Knowledge, and University Culture. In LOUGHRAN J J, et al. *International Handbook of Self-Study of Teaching and Teacher Education Practices*. Dordrecht: Kluwer Academic Publishers, 2004: 631.

② CLIFT R T. Self-Study Research in the Context of Teacher Education Programs. In LOUGHRAN J J, et al. *International Handbook of Self-Study of Teaching and Teacher Education Practices*. Dordrecht: Kluwer Academic Publishers, 2004: 1333—1362.

③ ZEICHNER K. *Accumulating Knowledge across Self-Studies in Teacher Education*. Journal of Teacher Education, 2007, 58: 36—46.

育者解决教学和研究之间矛盾的重要方法，也是一个颇具生产价值的方式，有机地联系了教师教育者要进行研究的学术任务、自己的专业发展和整个专业，成为教师教育者表达自己教学和学术兴趣的“新学术”。① 但是，“自我研究并非唯一记录自己教学的方式，它只能被视为一条建构教师教育知识的重要方式”②。因此，我们只能将自我研究作为教师教育者发展的一种备择方式，而不是唯一方式。

第二，自我研究存在潜在风险。一是自我研究倡导教师教育者挑战自我、暴露自己的缺点，这可能会给教师教育者带来沮丧、不安、怀疑和不确定的情感。二是自我研究是对学术传统和研究范式的挑战，可能危及教师教育者在学术界的声望，甚至会因挑战理论研究者的“权威”而使自己受到排挤，直接影响任职晋升。③ 可见，开展自我研究需要有足够的挑战自我、挑战权威的自信和勇气，并能够承担其可能带来的风险。

第三，自我研究缺少确实的、系统的资料分析的方法。自我研究至今并没有形成清晰的、系统的、被公认为行之有效的资料分析的方

---

① ZEICHNER K. *The New Scholarship in Teacher Education*. Educational Researcher,1999, 28(9): 4—15.

② LUNENBERG M, HAMILTON M L. *Threading a Golden chain: An Attempt to Find Our Identities as Teacher Educators*. Teacher Education Quarterly, 2008, 35: 185—202.

③ 比如提出“自我研究要研究‘鲜活的矛盾’”的学者 Jack Whitehead 的思想就曾被认为会扰乱教育系的良好秩序和民心，他曾两度提交博士论文被拒，并受到终止聘期的威胁。几年之后，其又因写作和教育活动受到惩罚，原因是他的活动和写作与大学在教学和研究方面的期待不一致，对大学当前的合理性提出了挑战。参见 HAMILTON M L, et al. *Reconceptualizing Teaching Practice: Self. study in Teacher Education*. London: Falmer Press,1998:228. 这也让人想起电影《死亡诗社》中的基丁老师和《蒙娜丽莎的微笑》中的凯瑟琳老师的遭遇，他们新异的教学思想和尝试在保守的学术氛围中不受欢迎，并为此付出了沉重的代价。不过，其思想和行动还是唤起了多数学生的觉醒和自主，这就是成功。

法。虽然资料分析可能是一门艺术，但是我们还是应该加强对确实的、可靠的、可重复的分析法的探究，进而谨慎地用其引出和检验结论。

第四，自我研究中系统性、公开性的限制。自我研究是一个有目的的、系统的探究活动，它将读者视为研究有效与否的最后裁判者，要求必须向公众呈现自我研究的结果。但现实中，很多教师教育者因为时间、环境等限制，可能未能开展系统的自我研究，或者有些研究产生的新认识未能立即付诸行动，这样就无法实现研究焦点的变化，开启新的自我研究；有些教师教育者缺乏足够自信，不愿意公开研究结果，所以也就无法考量其研究的价值。此外，自我研究报告要求清晰呈现自我研究的过程、结果等，对教师教育者提出了较高的写作要求。

当然，外界的批评也好，自我研究本身具有的局限也罢，这些都将推动自我研究不断朝严谨性、科学性方向发展，进而为教师教育者理解自身实践和学生学习做出更大贡献。

三、在脚踏实地的教学实践中不断探索自我研究的本土化

自我研究在我国刚刚起步，缺少固定模式可循，因此教师教育者要在教学实践中不断探索、积累和总结本土化的自我研究经验。

第一，加强学习，不断摸索。教师教育者应多阅读一些自我研究的著作，了解自我研究的基本理念和研究要求；应多掌握一些质性研究方法，这在自我研究中会经常使用；① 应多利用一些现代信息技术（如电子邮件、微博等）搜集资源，开展互动交流，搭建虚拟学习平台，打破时空界限，实现与个人、群体或组织间的知识分享与更新。

---

① 详见附录 A 中笔者推荐的阅读书目。

第二，善于思考，积累论题。开展自我研究需要教师教育者增进问题意识，善于思考，积极观察，捕捉实践中鲜活的细节，及时记录灵感与思想火花，存入教学与研究资料数据库，并且即时整理，确定一些共性或较为突出的问题，然后查找相关文献，与学生和同事交流，确定是否进一步研究，如若所定问题能够跨越时空情境限制，将会具有更大的研究价值。教师教育者可以采用头脑风暴的方式不断向自己追问，并列出问题清单，这对积累自我研究论题有很大帮助。

第三，努力实现自我研究国际化和本土化的融合。建立和发展国内自我研究共同体，形成教师教育者专业组织，为教师教育者的专业发展和教师教育理论建设服务。这可以依托我国目前的教师教育专业组织——中国高等教育学会教师教育分会。该分会由原中国高等教育学会师范教育分会和教师教育分会整合重组而成，定位于成为推动教师教育学科建设和实践创新的学术组织，服务中国教师教育重大战略和政策咨询的社会智库，搭建国际教师教育研究与实践的交流平台，提供教师教育评估、教师教育者专业发展等专业服务。在其组织内下设类似“自我研究兴趣小组”之类的研究组织，定期召开自我研究主题会议，力求推进自我研究学术在我国的交流与发展。

同时，自我研究又不应囿于国门之内。目前，国际社会的自我研究发展迅速：“自我研究特别兴趣小组”已成为一个巨大的国际自我研究共同体；自我研究国际会议更是吸引了众多国际学者广泛参与，半数以上的会议论文都是由合作者们共同撰写①。笔者从自我研究资

---

① 比如 Kosnik，Samaras and Freese 分别在相隔万里之遥的大学工作，他们的合作是通过电子邮件和在自我研究会议上的对话展开的，通过合作研究，他们成了相互信任的朋友。KOSNIK C，SAMARAS A P，FREESE A R．*Beginning with Trusted Friends：Venturing out to Work Collaboratively in our Institutions. In Proceedings of the Sixth Aannual International Conference on Self-Study of Teacher Eeducation Ppractices.* Herstmonceux Castle，East Sussex，U. K.，July 2006：152—156.

深学者约翰·洛克伦教授那里了解到，目前自我研究的国际会议还没有大陆学者参加，自我研究刊物上也未见到大陆学者的文章发表，只有一些在加拿大学习、工作的华人和部分香港学者在尝试自我研究，但远没有形成规模。① 国际自我研究也需要我国学者参与，这是一个巨大的发展空间，为了能够与国际自我研究接轨，我们需要解放思想，实事求是，通过网络、参会、发表文章等形式积极开展自我研究学术交流，融入国际自我研究共同体。

有学者说："自我研究是一个简单的，同时也是极其重要的主题，它能够使人在专业中进行终身学习，这个时代已经到来。"② 我们相信，在教师教育者的不懈努力下，自我研究必将为我国教师教育者的专业成长和教师教育质量提升贡献更大力量。

---

① 比如来自香港教育学院的 Rosa T. Chiu-Ching and Esther Yim-mei Chan 两位教师教育者开展的是叙事型自我研究。她们主要受加拿大学者康纳利、克兰迪宁等学者的叙事探究思想的影响。参见 ROSA T，CHIU-CHING，ESTHER YIM-MEI CHAN. *Teaching and Learning through Narrative Inquiry*. In FITZGERALD L，HESTON M，TIDWELL D. *Research Methods for the Self-study of Practice*. Dordrecht：Springer Netherlands，2009：17—33.

② WILCOX S，WATSON J，PATERSON M. Self-Study in Professional Practice. In LOUGHRAN，J J，et al. *International Handbook of Self-Study of Teaching and Teacher Education Practices*. Dordrecht/ Boston/ London：Kluwer Academic Publishers，2004：307.

第六章　教师教育者开展自我研究案例

下面的案例为您展现的是我的合作者辛琪老师所做的传记式自我研究。辛琪老师通过回顾她作为教师教育者 20 多年来的专业成长历程，系统总结了自己如何从一个懵懂的学生成长为一名小有成就的教师教育者、教育管理者的经验，生动再现了一个教师教育者真实的成长历程。期待读者能够从中历史地、整体地感悟她通过这种方式获得的成长，感受其作为教师教育者、教育管理者、普通人等角色在矛盾、困惑、思索中不断奋进的过程，尤其要体察她在人生不同阶段在教学理念、教学行为、教学研究、教学感情等方面所做的努力、变化和反思性体悟。为保护隐私，案例中涉及的人名、地名均为化名。

第一节　案例：我的成长之路

辛琪，女，某大学教育系教授，教育学学科带头人。1987 年大学毕业后被分配到该校，从事教育学、心理学教学工作。2003 年后，开始担任该校教育系副主任、主任等职。主要研究方向为课程与教学论、教师发展、心理健康与辅导，主讲“课程与教学论”“教育学”“咨询心理学”等课程。

研究成果丰硕，目前共在各类期刊发表学术论文30余篇；独立或合作完成省级课题5项，在研国家级课题1项；受省社科联邀请，主编了《H省社会科学年鉴》的“课程与教学”部分；完成了全省教师继续教育教材《课程与教学论》（33万字）的主编工作。社会活动广泛，担任省心理学会理事、省家教学会理事等职，多次受邀在各类讲坛、会议发言或讲座。曾获得S市第十届社会科学优秀成果一等奖、H省第十一届社会科学优秀成果三等奖、S市第六届哲学社会科学优秀青年专家、S市有突出贡献的中青年专家等多项荣誉。

一、学生时代，教育记忆

1965年，我出生于农村，家中兄弟姐妹很多，童年时代与我一起生活的主要是四姐、五姐和母亲。五姐仅比我大17个月，四姐上到小学四年级就到队上挣工分养活我们一家四口。记得那时母亲已经老了，梳着小纂，半驼着背，额头刻着皱纹。有关学习的印记是那花格子的破书包和小学班主任方老师梳着的长辫子、成熟的脸。小学整个阶段是“文革”后期，毕业那年正好粉碎“四人帮”。令我记忆深刻的是贫下中农代表进学校以及我们去地里劳动的情景，冬天拾棉花，夏天拾麦穗，小学学习像玩一样过去了。初中就变样了，老师开始抓成绩，我们那个班属于两个平行班中比较差的，但我在班里属于好的，老师形容我是“桃尖下面的那部分”。高中阶段才真正感觉学习吃力，有那么多人比我强，也不知该怎么办，因为数理化的成绩让我自卑，所以在高二分班时我毫不犹豫地选择了文科。那年，与我在同一个学校上学的姐姐考上了大学。老师很关注我，这也让我有了自信，甚至有些“飘”。可惜第一年，我高考落榜了。第二年重读后，当我考上与姐姐一样的省内重点大学时，人变得踏实了很多。

我大学就读的是教育系的学校教育专业，这个系的师资力量非常雄厚，有著名的“八大教授”。当我考入这个系的时候，他们都已年近古稀，也就听过一两位教授的课。大学的课程、论文、实践都轻松而过，与高中相比就是学习轻松，没有太多的不同，我对学校开设的课程和老师的授课内容没有太多思考，似乎也不怎么用我们思考，因为老师是课上的“主角”。我成绩在班里是第五六名。因为当时还是计划经济，所以毕业时我被分配到某市一所教育学院。从农村到城市，我觉得比较知足。

二、涉足教坛，玩味职业

当时教育学院全院不过几百人，师范性强，就是培养老师，各系基本上按中学课程的主要学科设置。我被分到教育心理教研室，成为一名教育学公共课教师。时任教研室主任韩老师是一个很有学者风度、正在发展中的中年人。教研室成员不多，教育学、心理学两个组最多时也不过 8 个人，大家关系单纯、融洽。当时好像是每周四、周六开展教研活动，包含业务活动和政治活动两部分，改为五天工作制后，就取消了政治活动。我们常常在活动后聊到很晚才回家，从中也学到了许多。

（一）初涉教坛，懵懂意识

我到教研室后，先后经历半年见习、听导师课，然后才登台讲课。

当时教研室安排我去中学见习半年，我还有些畏难情绪，觉得去了能干什么？人家会怎么对待我们？去了之后，我被分到初一年级，跟着一个有经验的老师学习当班主任，并帮助另一个年轻的班主任白老师管理班级。其间好像试讲过几次课，并阅读学生日记、作业等，对学生有了一些了解，有了情况就去跟白老师反映，但她似乎也很为难。

记得有一次她负责的班换班干部，原来的那个班长闹情绪，但当时我没去帮白老师做思想工作。一是不敢，觉得自己是外来的，年轻；二是没有把自己当成一个自主的、主体的专业人士，觉得上学时学的那些教育学、心理学知识离现实很远，说白了就是不会用，用上了反而会影响白老师。换做现在，不让我管我也会管。

除了见习，我还跟听了导师马老师54课时的教育学课，学习她的一招一式，包括整个备课的体系。轮到要自己上课了，因为没有教学经验，又是给大学生上课，紧张是不用说了，当时年迈的张老师陪我上楼到教室给我“打气”。上课的内容记不清了，但感觉记忆犹新：

> 整堂课自己的手心湿湿的，语速很快，站在讲台前如数家珍似地把要讲的内容和盘托出，算是基本上完成了预定的教学计划，自己感到很是“安慰”。课上学生反应怎么样？哎呀，一则没有意识，二则也确实顾及不上，好像课堂很是安静，他们似乎都在“观赏”我的“表演”。（源自1987年9月3日日志）

当时初上讲台的我认为，向学生全面地、循规蹈矩地“传授知识”是我的本职，所以备课时尤其重视内容和概念等的准确性，会查阅不同版本的教材，很多例子也来自教材，很少放开讲，更没想过超越。而且，当时的教学计划似乎多年不变，我也没有考虑为什么上课，自己的课对未来的教师来讲会起什么作用、有什么好处，一切都按部就班。在对学生的态度上，那时年轻，愿意跟学生搞好关系，比较谦虚，也基本能获得学生的信任和好评，只是课上沟通不多。那时对论文的理解就是查阅期刊相关内容拼凑一篇，没人给你讲如何搞科研。只记得韩主任常去中小学做讲座，也帮中小学解决一些现实问题，我很羡慕他的“名”，但从未想过自己有一天也可以“指导”那些中小学教师乃至校长，当时没有树立一个教师教育者的担当意识，倒时常觉得上大学时学的理论无法与现实对接，但没有深究原因何在。因为年轻，对那些老教师等只有仰望，不会去分析他们做得好坏，平时也很少思考教育现象。

毕业两年后，学校鼓励年轻人进修，我获得机会到某重点大学进修了一年，但因当时还没有对理论的渴望，没有发表论文等学习压力，也缺乏实践需要，所以学习热情不浓，甚至想偷偷地回来，没有那种对理论“饥渴”的感觉。如果现在让我去，肯定觉得特别“解渴”，如今哪怕趁出差或周六、周日参加一堂合适的讲座，我都觉得特别过瘾。

（二）心猿意马，踯躅不前

不知不觉中我渐渐适应了教学，但当时我的兴趣却不在教课，因为20世纪90年代流行争当“万元户”，工薪阶层开始兼职，还出现了“教授不如卖茶叶蛋的”等言论。我们不坐班，当时学校教学压力也不大，又有了孩子，为了家庭生活得更好，所以闲时我也去兼职了，直到1995年30岁评中职时才回来。老实说，我34岁时还想着转行，只是很多招聘年龄限制在35岁以下，看到应聘者都比自己年轻，这才下决心老老实实待在学校，不能再“混”了。

毕业10年这段时间，从去兼职这件事来看，我其实有发展动能，但学校教学没有满足我自我价值的需要，教师的地位与待遇也没有让我觉得多么自豪、多么被尊重，学校慢节奏、论资排辈的机制更没给我压力与动力，加之缺少明确的专业发展目标，又受时代影响，所以此阶段我在专业发展上进步比较慢，但总体感觉是比较安逸的。

（三）专业觉醒，寻求动能

人到中年，我的专业发展出现了转折，主要来自两方面的影响：一是评中级职称。我要求自己一定要评上，另外，中年危机猛然使我意识到要开始考虑发展、前途和专业地位问题。我当时十分怕落后，渴望改变、被尊重和认可。二是合校后开设心理咨询专业。2001 年，我所在单位经过院校合并组建了教育系，建系后要求开设相关专业，我作为一个教师教育者的责任与担当正是在这之后形成的——原来觉得自己是教公共课的，不如人家教专业课的受重视，但现在有了被重视的感觉。因为喜欢心理学，于是我勇敢地选择了当时还不太为人所知的“咨询心理学”课程。一切都是新的，我要求自己必须学习，因为一要上课，二和自己的成长有关系，所以我的学习动力十分足，不但主动进修培训，甚至自己出钱去学习、买书。

我还参加了心理咨询师的培训课程，其中有个讲座叫自我成长，就是咨询师的自我觉察，讨论咨询师的同理心、价值观等。有一次活动对我触动很大，那是一个由 24 人组成的历时 10 天的封闭学习，主要培养、修炼对人平等、对学生讲求人本的态度。其间，培训老师一视同仁、平等真诚的行为感染了我，消除了我根深蒂固的服从领导的意识，并让我开始反省自身、认识学生和自己的教学。在课上，我开始不断体会人本、接受、尊重、理解、共情，体会到老师的修养太重要了，因为老师带着太多的东西去教学生，自身的个人价值观、为人处事的方式、性格特征等，都是影响学生的重要因素，因为他的偏差，可能无形中影响了学生；因为他的主观，可能妄下结论；因为他的价值判断，可能会将学生引到并不是我们所希望的教育方向上去。更主要的是，他使我认识到，教教育学、心理学、学科教学法等课程的教师教育者必须首先实现自我觉察、自我成长。猛然间，我似乎意识到自己以前上课为何总是平淡如水，教学方面为何老是无法让我找到成就感、满足感。

后来，在一次偶然的交谈中，我听到一位学生反映："老师上课讲的内容太理论，语言太晦涩，听了不懂，学了没用，有问题也没法交流，他们根本不了解中小学课堂，最终还是用理论回答我们，干脆也就不问了。"这席话如一盆冷水将我从对自己教学的陶醉中浇醒。于是，我开始慢慢回忆自己以前的授课情况，反思、记录现在的备课、上课和学生的反应情况，开始利用课余时间与学生交流，倾听他们的意见和心声，开始与同事一同研讨自己的教学设计为何达不到预期的效果……

经过不断地反思体悟，我终于意识到，自己一直以来都认为教教学是第一位的，以为上教育学公共课就是把要讲的教育教学知识讲清楚，因课时少，课上经常垄断话语权，有时一堂课自己讲得眉飞色舞、口若悬河，觉得内容特系统、特理论，但实际上课堂气氛沉闷，学生收获并不大。我并没有把学生放到一个平等的地位，没有充分考虑他们的学教学，没有重视其作为学习者的经验（这也是我上学时被忽视的），还一味责怪他们不爱学习、课堂反应迟钝，他们并非一块白板，而是受过去很多经验影响的人，回忆起来我觉得真是遗憾，没能有效地培养好他们。

经历了这次彻悟之后，我开始寻求各种机会不断给自己"充电"，其中之一是就读硕士研究生。我的硕士论文选题比较新，做得也很辛苦，但正是硕士论文的研究和写作培养了我严谨的治学态度和精益求精的科学精神，使我掌握了科学的思维方法，激发了研究的兴趣，并渐渐取得一些成就，如不断在权威期刊上发表文章。渐渐地，我开始感到自己像个学者了，加上成功申报第一个厅级课题更给了我专业自信，研究让我有了价值感并获得自我认可。在研究的推动下，我的教学也有了巨大进步，开始注重增加学生在课上的参与和活动，并大力鼓励学生通过书信、谈话或留言等多种形式向我提出他们对所学课程等的意见和建议。

三、肩负重任，履职尽责

2003 年，我开始担任系教学副主任之职。虽然处理行政事务占用了我大量的时间，但并未影响我教学的热情，反而因为自己主抓教学工作，更增加了一份责任感和使命感，更加关注教学，对课程与专业发展也有了更深思考，开始不断探求什么样的教学能够让学生满意，什么样的培养方案能够培养社会所需人才，课程与专业目标之间是何关系？原来对实习的认识仅仅停留在理论联系实际的层面，现在，随着对教师专业化的讨论，我开始思考：教师的实践知识如何生成，实践教学如何开展，学生的能力及全系的教学水平如何提高？等等，并将思考的结果在我所承担的“课程与教学论”课程的教学实践中不断落实。

（一）深入实践，积累经验

我上“课程与教学论”这门课着实经历了很长的磨砺过程，但其间也使我和同事、学生真正开始融洽合作。起先，我们用李秉德、李定仁主编的《教学论》，但其中课程论部分内容较少，不够全面，于是改用《现代教学论》。可是如何解释新课改，教材中还找不到联系点和解决点，新旧理论间的矛盾常常让我不能自圆其说。怎么办？一则问计同事，借助教研活动等机会与其共商教学内容和对策；二则问计学生，通过座谈、作业、评价、博客、电子邮件等形式收集他们的意见与反馈；三则求助自己，通过自学、阅读等形式丰富课程论内容并做相应调整，尤其关注施瓦布的实践课程思想及后现代课程观等。几经“磨难”，通过反复研究与体察，我终于顺利整合了课程论与教学论。之后，我又感到学生的教育理论水平虽然有待提升，但实践能力更为薄弱，于是我又逐步尝试将“理论教学”和到中小学进行“见习”的实践教学方式相融合，尽量让学生有真实的教学体验。我们不断地往来于大学和中小学课堂，这使我积累了丰富的教学案例资源，灵感的火花不断在理论与实践的交替中迸发，与此同时，我们也与一些学校建立了长期的合作伙伴关系。

（二）激发创新，体味变化

渐渐地，案例教学、问题中心式教学等形式不断充实进我的教学，我不断用丰富的案例、开放的问题激发学生思考，并号召他们“每天问一个问题、发一次言”，还倡导他们体验教学，即每次课上安排一个小组进行15分钟的体验教学活动，成员提前一周自愿选择中小学教学内容，按照教学要求充分合作、广泛参与，共同规范设计教学环节，追求教学效果，要求有教案、有试讲、课后写出教学后记，并将资料存档。其余学生和老师给予配合，并从理论角度对各组表现进行评判打分，打分结果按适当比例计入期末成绩，此项体验不参与，将直接影响本门课程的通过。

不知不觉中，课堂上我不再唱“独角戏”，更多地是扮演一个倾听者、促进者和启发者。学生也不再毫无表情、“言听计从”，而是渐渐有了问题意识、主体意识，有了个性化的观点和独特的教学设计，有了一定的理论思维和教学判断能力，并开始尝试将所学理论与现实教育教学问题结合起来思考，不再觉得理论空洞无用，教师角色意识和自我反思能力都有显著提高。这在我学生的教学后记中体现较为明显。

比如有的学生畅言课上的讨论使他真正觉得自己是在学习；有的学生反映，这种逐渐开放式的教学才能启迪他们的思维和培养创新能力；有的说老师是通过自己的行为教他们以后怎样当老师；有的说课上切实体验到了平等、自由、畅所欲言的感觉，教学体验使其更清晰地认识了自己。一名学生在后记中这样写道："通过这次课程，我再一次看到了自己教学的弱点——无法调动课堂情绪、不能与学生交流。互动课堂是我试讲过程中一直无法穿越的'沟壑'……以后我会继续探索，不断努力。"①

在对自己教学的反思与改进中，在与中小学鲜活教育实践的联系中，在与学生心与心的交流和碰撞中，我的变化也十分明显，比如心态更加开放、思维更加宽广、知识不断丰富，作为一名教师教育者的意识也在不断提升，并逐渐重视带动和鼓舞全系教师关注自己的教学和学生。

四、精诚合作，继往开来

自从我开始主抓系里的全面工作，可以说肩上的担子比以前更重了，既要作为一名普通的教师教育者上好课，又要作为学科带头人，带领教师搞院级教育学重点学科和精品课建设，还有就是想进一步密切同中小学的联系，构建大学与中小学职前教师联合培养模式，寻找、聘请既有实践经验又有理论修养的优秀中小学教师作为师范生的

---

① 来自学生张峰 2006 年 10 月 16 日的教学后记档案。

“兼职导师”，我曾主持“教师教育开放式合作培养”省级教改项目，但结果不够理想。所以，我时常思考应通过何种办法让中小学乐于接受这种联合培养任务，如何真正实现职前教师培养过程中的一体化，即师范生培养能够不断在大学课堂和中小学现场间“穿梭”，若能实现，将有效改变教师教育中理论与实践脱节的现象。当然，与中小学合作应当互惠共赢，我们也在寻求吸引中小学乐于合作的资本，可能高校所具有的科研优势，以及与中小学教师合作探究基础教育领域的现实问题会是一个很好的“抓手”。所以，下一步我想从如下几方面入手。一是狠抓全系老师教学质量，鼓励他们开展“课研”，不断改变课堂教学效果，思考教学和教师培养中的问题。二是竭力打造一支理论素质过硬、实践和研究能力较强的教师教育者团队，提升为中小学服务意识，共同研发基础教育领域的重要问题、难题。目前，我们正在进行一项关于教师发展的国家专项课题，力求更好地与中学校长和教师合作，为教师专业成长服务，打造高校与基础教育连接的平台。三是进一步加强中小学教师教育实践基地建设与顶岗实习，提升师范生的综合素质和实践能力。

当然，现实中实现上述设想尚存在许多困难，比如如何转变教师教育者的观念问题，还有资金、时间、制度上的保障问题等，虽然很难，但为了我们的学生和老师发展得更好，我会努力坚持，并力求和大家一同成长。

通过这个自我研究，使我充分吸收了自己作为学生、教师、教师教育者、教育管理者的经验，深刻感受到教师教育中反思和关系的重要性；感受到要不断理解和改进教师教育实践，挖掘自己的个人实践知识；感受到要足够尊重和移情于学生，并善于传递这种尊重和移情。回顾过去，使我带着争做更优秀的教师教育者的理想迈向未来，我将坚持不当理论的传声筒，而做理论的建构者；不当空洞的说教者，而做形象的示范者；不当课堂话语的统治者，而做批判思维的促进者；不做教学的重复者，而做教学的陌生人，力求培养学生作为有效教师所需的反思和实践技能，发展他们面对问题，规划和指引自己进行终身专业学习的能力。

第二节　案例分析

辛琪老师的自我研究，加之我对她的访谈与接触，让我深刻感受到她的真实、率直、睿智和进取，体验到她对事业愈来愈纯真的感情，也感受到一股强大的发展“动能”①，时刻给人以感染和鼓励。这个自我研究案例真实再现了辛琪老师 20 多年来作为教师教育者的生命历程，不仅彰显了她在教学生活中的发展轨迹，也反映了时代在其身上留下的印痕。为了便于理解和分析，我们将辛老师的经历与体验进行了大致分类和汇总，详见下页表 6-1。

从表上清晰可见，辛琪老师参加工作后，先后经历了较为安逸的入职期和适应期，然后步入渴望得到他人认可的专业发展期，不断地努力使其很快获得认可，步入发展的成熟期，并走上领导岗位，但她依然坚守课堂，深入实践，创新教学，并在谋划创造崭新的未来。其间，她也有过保守、彷徨和退缩，但战胜自我后展现更多的是自主、自信、自强、自为，而这才是真实的生活。自我研究就是要展现这种充满喜怒哀乐的真实生活，在不断地反思与理解中获得发展。

---

① “动能”一词在笔者对辛老师的访谈中多次出现，可以称得上是她使用最多的一个“本土概念”，用于表达一种前进和发展的动力。

表 6-1 辛琪老师的教师教育者生涯历程简表

	教学理念	教学行为	相关研究	教学权威	教学反馈	教学效果	教学感情	教学原则	角色
初涉教坛（入职期）	知识本位	备内容 反思少 变化少	查期刊 写文章	无 找权威	较少	一般	安逸	知识性 科学性	传授者
心猿意马（适应期）	知识本位	上课 兼职	家教文章	无	较少	一般	安逸	知识本位	传授者
专业觉醒（发展期）	生本	研习 反思	开始研究专业	渐自主	书信、谈话、电话等	有改观	怕落后 渴望认可	发展性	学习者 变革者 促进者
肩负重任（成熟期）	能力 生本 实践	备实践 互动 合作	大量研究专业	自主 权威	座谈、反思、邮件、博客等	悄然变化	获认可 满足 前进	理论与实践结合	学习者 引领者 沟通者
合作未来（成就期）	浸入式培养 重专业、学科	案例 体验 合作	专业发展内容	规划 引领	博客 网络 日志等	深度 变革	淡定 合作 发展	培养过程一体化	合作者 引领者 沟通者 领导者

一、躬身自问，检验经验，寻找自我发展的动能

从辛老师的自我研究中我们不难发现，她的成长给人以“后起之秀”和“大器晚成”之感。因为在其工作早期，我们并没有感到她的发展有多大动能、教学之中有多大改变，尤其是“初涉教坛”和“心猿意马”这段时间，她对自己的定位是公共课教师，基本体现的是传统的知识传授型教学理念，扮演的是知识传授者的角色，教学中更多是寻找知识权威或模仿老教师的教学，而没有重视自己的“经验的权威”，未能做出自己的选择或关注自己的决定，用她自己的话说，也就是“较少超越”“较少思考教学为什么？怎么样？”，包括去重点大学进修等也都较少源自自身发展的要求，学习动力不足。

后来，中年危机感使其开始思考前途发展，专业意识逐步提升，工作热情逐步提高，心理培训让其自我反思意识逐步提升、平等观念逐步增强，从而渐渐找到了自我；最主要的是，学生的评价与批评使其更清醒地开始自我觉察，不断检验自己的个人和专业经验，从经验中学习，并将自身需求和外界需求相结合，最终找到了一股自我发展的动能。从此，她开始从仰望“权威的星空”转向俯瞰“自身教学的大地”。她不断反观自我、寻求变革、理解和移情于学生、联系同事、走进中小学实践、不懈追求更高的专业发展目标，使自己从懵懂的新手逐渐向经验型、成熟型、专家型方向转变。这也让我们看到，自我研究就是教师教育者主动研究自己的实践，这种主动性源自他们对自身职业的热爱和忠诚，源自这股自身发展的动能。

二、追寻德性实践，审视教学而非批评学生

自我研究不断追求的是德性实践，即保证培养未来教师具备较高

从教素质的实践，是真正体现师范生本位，体现教师教育者言行一致、不断超越的实践。在自我研究中，教师教育者要更多地审视自己的教学，而不是批评学生。教师教育者要不断体察：我如何帮助学生更好地学习，我教学中的矛盾是什么，如何在这种矛盾中工作？

辛琪老师曾经深深陶醉于自我的教学之中，认为自己的教学就是合理的。但自我反思和学生的批评使其幡然醒悟，开始批判自己的教学而不是归咎学生，开始意识到自己的教学中曾经是那样的不平等，自己垄断话语权，学生只是被动的倾听者，未给他们沟通反馈的渠道，课上没有活跃他们的思维，自己也缺少有效指导的意识和能力，理论和实践之间未建立有效联系……充分认识到这些问题后，辛老师的教学理念逐渐由知识本位转向学生本位，更多关注学生参与和能力的发展，更多寻求理论与实践的整合，并在教学行为中有了明显体现：较多采用案例教学增强理论与实践的联系；采用问题式教学，激发学生的思维和思考，培养理论分析能力；采用体验教学，提升学生的教师角色意识和自我认识能力。同时，她也在不断地加强理论学习，加强与同事的沟通，通过不断深入中小学实践，积累实践中丰富的教学资源，游刃有余地在理论与实践之间穿梭。诸多努力给辛老师带来了课堂气氛、学生思维与能力、学习内容的广度和深度以及自身发展等方面的重大变化，不断获得学生和中小学教师等认可。

三、实践是理论的“跑马场”和研究的“营养源”

自我研究倡导实践与研究融合，实践就是自我研究的内容，所做的研究也就是自己的实践，实践当中体现着理论，是理论的“跑马场”；实践当中也蕴含着理论，经过研究，可以丰富理论。实践与理论对接在师范教学和师范生的成长中至关重要。在研究中我们可以看到辛老师对实践态度的变化，入职初期安排她去中学见习，她犹豫不知所措，遇到白老师班上的"换班长"事件时也感到无所适从，这是因为她不会应用大学所学的理论指导实践。在她专业发展期的教学中，她的备课、上课内容也较多是备知识、找权威，较少关注实践，更没有深入实践，而现在她备课是走进实践体会理论，不断与中小学老师一起教研、科研，使她对许多概念规律有了体验，与自己发生了联系。讲课时，应用实践例子解释理论，理论变得鲜活与生动了。并且，最主要的是这样能够培养学生理论分析问题的能力。师范教学中重要的不是使学生掌握了多少教育教学知识，而是是否培养了其较强的教育教学判断与反思能力，否则，单纯的知识教学只能实现知识的"位移"，而无法发挥其认识效能，学生学了还是不会用。

实践也是研究的"营养源"。辛老师不断研究审视自己的实践，同时关注中小学的实践，这些构成了丰富的研究资源，她充分利用这些资源，使课堂、学生、研究等充满活力，并带来可喜变化。这使她更加愿意走进实践，亲近中小学教师。她说："实践、事实永远在我们前头，需要去研究，我愿意关注你们的实践、研究你们的问题，而且，我们应精诚合作，共同研究中小学、基础教育领域的现实问题，探讨老师们的专业发展。"① 这充分体现了华东师范大学陈桂生教授所说的："教育研究应从活生生的实践中汲取教育的诗情，呼吁去中小学研究教育。"② 辛老师与中小学教师合力完成了一项国家级教育研究项目。"这种合作是基于道义的合作，是为了孩子的合作，为了求知

① 来自 2010 年 8 月 24 日对辛琪老师的访谈。

② 陈桂生：《到中小学去研究教育（第二版）》，华东师范大学出版社，2003 年，第 469 页。

的合作，为了实现各自人生价值的合作。”①

同时，在自己的课堂上，辛老师坚持“从现时代的学生问题、教育问题、教师问题出发，抱着这种研究的态度，去思考今天的教育该怎么做，然后在课堂里和学生一起思考这样的问题。这样学生毕业后，不但有问题意识、研究意识，而且不会在课堂里照本宣科了”。在这里，我们可以清晰地看到，教师、教师教育者、研究者、促学者等多种角色在她身上浑然融合，并促进其为教师教育事业殚精竭虑、谋划拼搏。访谈中，辛老师不断表达“我想……”“我认为……”“我感觉……”，让我觉得她似乎有不竭的工作动能。如今，她唯一的孩子已经出国留学，她有更为充足的时间思考工作和教学问题。在与我合作的过程中，她总能第一时间回复我的问题，我也多次发现她的博客是在早上四五点钟更新的，这种勤奋精神有时让我感到汗颜。

四、自我研究推进教师教育者发展：自主、反思、开放、合作、发展的循环往复过程

“自主”赋予动力，“反思”增进理解，“开放”带来信任，“合作”产生力量，“发展”促成目标。自我研究的过程是一个自主、反思、开放、合作、发展等循环往复的过程，一个自我研究的结束也意味着新的自我研究的开始，这样不断地循环往复带来教师教育者持续的发展。

辛琪老师从初为人师到成为具有担当意识的教师教育者，并走上领导岗位，与其自主意识不断提升，与学生、同事、中小学老师开放、合作意识不断增强，在理论与实践方面互通有无、取长补短紧密

---

① 陈桂生：《到中小学去研究教育（第二版）》，华东师范大学出版社，2003 年，第 470 页。

相连；与其在过去、现在、未来的历史进程中不断寻求自身实践意义直接相关。这是其不断挑战自身教学习惯与行为，追求个人更新、专业更新和职前教师培养计划更新的过程，也是其自身不断获得认可的过程。辛琪老师在入职期曾仰慕自己的领导、导师，从未想过何时也能“指导”他人，而经过自身不断地反思与努力，她也成了被他人认可的“权威”。

辛老师的自我研究显示，人人皆可以成为“权威”，至少可以成为自己的“权威”。自我研究不仅是教师教育者成长的手段，更是其发展的目的，使其能够不断自觉改进自身的教学实践活动，实现自身和学生的最大限度的发展。

当然，辛琪老师的自我研究中也展现了她身上存在的许多遗憾或不足，比如还较少关注提升自己的实践知识，尚未形成自己独特的实践理论。访谈中她也曾指出，因时间、行政事务等多种因素制约，自己未能形成常规性的写作习惯，未能更加及时全面地记录所感所想，针对教学所做的研究也不够深入系统，还需要进一步带动学生参与研究之中，不断实现同中小学老师的有效合作等。

“不当理论的传声筒，而做理论的建构者；不当空洞的说教者，而做形象的示范者；不当课堂话语的统治者，而做批判思维的促进者；不做教学的重复者，而做教学的陌生人。”辛老师是这样说的，更是这样做的，她用自己的成长历程昭示了一个教师教育者敢于挑战、勇于担责、奋发进取、超越自我的价值诉求！祝愿辛老师的未来之路顺通宽广！

第七章　教师教育者通过自我研究发展面临的机遇和挑战

新时代，自我研究面临着诸多机遇，同时也面临着不少挑战。可谓是机遇与挑战并存，挑战中孕育着机遇，机遇中包含着挑战。展望自我研究面临的机遇和挑战，可以使我们更清晰、更客观地把握自我研究所处的内外环境，明晰自我研究的发展方向，为自我研究的未来发展导航。

第一节　教师教育者通过自我研究发展面临的机遇

一、党和国家对教育事业的高度重视，将为教师教育者开展自我研究开拓更广阔空间

一直以来，党和政府将教育事业置于国民经济和社会发展的优先地位、战略地位，将其作为工作的基本着眼点。尤其改革开放 40 多年来，我国教育成就辉煌。党的十八大以来特别是“十三五”以来，我

国教育事业更是成就显著，教育公平和质量得到较大提升，教育面貌正发生格局性变化。2018 年以来，国家对教育的重视程度更是空前，先后出台了《中共中央 国务院关于全面深化新时代教师队伍建设改革的意见》《教师教育振兴行动计划》《中国教育现代化 2035》和《加快推进教育现代化实施方案（2018—2022 年）》等一系列文件。2018 年召开的全国教育大会，习近平发表重要讲话，明确指出教育的定位：教育是民族振兴、社会进步的重要基石，是功在当代、利在千秋的德政工程，对提高人民综合素质、促进人的全面发展、增强中华民族创新创造活力、实现中华民族伟大复兴具有决定性意义。教育是国之大计、党之大计……教育必须把培养社会主义建设者和接班人作为根本任务。①

步入“十四五”时期，党的十九届五中全会明确提出要建设高质量教育体系，尤其聚焦高质量教师队伍建设，推动教师培养培训模式改革，建立以师范院校为主体、高水平综合大学参与、优质中小学幼儿园为实践基地，开放、协同、联动的教师教育体系，突出如下工作：第一，以立德树人为根本任务，构建“两个体系”，即大中小一体化的思政工作体系和学校家庭社会协同育人体系；深化“三全育人”，落实德智体美劳“五育并举”，尤其培养学生爱国情怀、社会责任感、创新精神、实践能力，全面提升学生综合素质。第二，以推动高质量发展为主题，构建优质均衡的基本公共教育服务体系，构建支撑技能社会建设的职业技术教育体系，构建开放多元的高等教育体系以及完善服务全民终身学习的教育体系。第三，以深化供给侧结构性改革为主线，重点提升四方面教育供给水平，即人才供给水平、高校科技创

① 习近平在全国教育大会上发表重要讲话［EB/OL］. http://www.mod.gov.cn/shouye/2018－09/10/content_4824574.htm.

新水平、服务区域发展能力水平、教育对外开放水平。第四，以改革创新为根本动力，聚焦重点领域、关键环节，尤其强调全面深化新时代教师队伍建设改革，全面完善师德师风建设、教师管理和发展的政策体系。①

时任教育部副部长宋德民还强调，“十四五”时期聚焦高质量教师队伍建设，还要加强如下方面。

一是提升层次。实施新时代强师计划，加大对师范院校的支持力度，重点支持建设一批国家师范教育基地，进一步发挥教育部直属师范大学师范生公费教育示范引领作用。大力推动研究生层次教师培养，启动国家优秀农村教师定向培养计划，为中西部欠发达地区定向培养高素质农村教师。

二是协同创新。建设国家教师教育改革试验区，推动高校、地方政府、中小学协同开展师范生培养、教师专业发展、管理制度改革等工作，提升区域整体教育水平。鼓励支持高水平师范院校建立教师教育协同创新平台。支持与地方师范院校教育科研合作、课程资源共享、教师教育师资队伍共建。深入实施卓越教师培养计划和“国培计划”，推动教师培养培训模式改革。

三是严把质量。持续推进师范类专业认证，开展全国师范类专业质量监测，建立持续改进的质量保障机制。深化师范院校评价改革，引导师范院校把办好师范教育作为第一职责，推动师范专业特色发展、追求卓越。②

---

① 坚持以建设高质量教育体系为统领 谋划推动“十四五”时期教育发展［EB/OL］. http://www.scio.gov.cn/xwfbh/xwbfbh/wqfbh/44687/45183/zy45187/Document/1701372/1701372.htm.

② 教育部：聚焦高质量教师队伍建设 推动教师培养培训模式改革［EB/OL］. http://www.scio.gov.cn/video/42600/42601/Document/1701396/1701396.htm.

2022年2月，为深入贯彻落实习近平总书记关于教育的重要论述，落实《中共中央国务院关于全面深化新时代教师队伍建设改革的意见》，推进实施新时代基础教育强师计划，构建高质量师范大学体系，整体提升师范院校和师范专业办学水平，提高教师培养质量，教育部决定实施师范教育协同提质计划（以下简称“提质计划”）。

由于党和国家对教育事业的重视，在全社会营造起了“全民重教、全民思教、全民受教”的良好教育环境和氛围，这不啻是教师教育者开展自我研究的“良田沃土”，必将为自我研究的发展开辟更为广阔的空间，从而确保教师教育者能够肩负起培养优秀师资和教育家的神圣使命。

二、习近平总书记关于教育的重要论述思想持续深入的落实，将为教师教育者通过自我研究带来更多发展契机

党的十八大以来，习近平总书记在领导全党全国各族人民推进党和国家事业发展的伟大实践中，立足世界发展大势和国家发展全局，着眼民族复兴伟大梦想，紧紧围绕培养什么人、怎样培养人、为谁培养人这个根本问题，牢牢把握立德树人根本任务做出了一系列有关教育改革发展的重要论述，习近平总书记教育重要论述，是习近平新时代中国特色社会主义思想的重要组成部分，是马克思主义基本原理同中国教育实践相结合的最新成果，标志着我们党对教育规律的认识达到了新高度，这些重要论述为中国特色社会主义教育事业指明了前进方向，为新时代教育改革发展提供了根本遵循。①

其中，尤其对于教师及教师队伍建设的认识高屋建瓴，振奋人

① 本书编写组：《习近平总书记教育重要论述讲义》，高等教育出版社，2020年，导言。

心，并已开始深入教师心灵，外化于行。习近平总书记将教师称作是筑造中华民族“梦之队”的筑梦人，并高度赞扬教师的作用：“一个人遇到好老师是人生的幸运，一个学校拥有好老师是学校的光荣，一个民族源源不断涌现出一批又一批好老师则是民族的希望”。他提出了“四有好老师”标准，即要有理想信念、要有道德情操、要有扎实学识、要有仁爱之心。“四个引路人”①、“四个相统一”② 和“四个服务”③ 等要求统领教师成长发展，提出有高质量的教师，才会有高质量的教育。师范教育是培养教师的教育，是教师队伍的源头活水。而作为教师队伍源头活水源头的教师教育者们，其目前发展还很不尽如人意。

长期以来，在教师教育者的培养中，“重职前培养，轻职后培训”的教育模式，使教师教育者的素质很难做到可持续发展，许多教师教育者往往是“一次培养用终身”，在教学岗位上长期“放电”，却不能够及时“充电”，这对人才培养是极其不利的。同时，教师教育者基础教育素养欠缺，在一定程度上影响了对未来教师培养的针对性和质量。伴随习近平总书记关于教育的重要论述思想在教育领域的落实，我们应不断改变过去那种“一次培养用终身”的教师教育者培养模式，大力发展教师教育者的职后教育，建立和完善教师教育者定期培

① 2016年9月9日，习近平总书记在北京市八一学校考察时强调，广大教师要做“四个引路人”，即：教师要做学生锤炼品格的引路人，做学生学习知识的引路人，做学生创新思维的引路人，做学生奉献祖国的引路人。

② 2016年，习近平总书记在全国高校思想政治工作会议上强调：要加强师德师风建设，教师要以德立身、以德立学、以德施教，坚持“四个统一”，即教书和育人相统一，言传和身教相统一，潜心问道和关注社会相统一，学术自由和学术规范相统一。

③ 社会主义大学“四个服务”的办学方向：2016年12月7日，习近平总书记在全国高校思想政治工作会议上发表重要讲话，对我国高等教育发展方向提出了“四个服务”明确要求，即为人民服务，为中国共产党治国理政服务，为巩固和发展中国特色社会主义制度服务，为改革开放和社会主义现代化建设服务。

训制度，鼓励教师教育者开展自主学习，实现教师教育者乃至教师们素质的可持续发展。

自我研究作为教师教育者自主学习和专业发展的重要方式，是实现教师素质可持续发展的重要途径。在当前教师教育者职后教育制度还不是十分完备的情况下，鼓励教师教育者通过自我研究的方式增进身份认同，研究教师培养中的具体问题和难题，发展自身和团队专业素质，打造教师教育者发展共同体，将更加具有现实意义。

三、广大教师及教师教育者自我发展意识的日渐觉醒，将使自我研究的群体范围进一步扩大

叶澜教授曾说："没有教师的生命质量的提升，就很难有高的教育质量；没有教师精神的解放，就很难有学生精神的解放；没有教师的主动发展，就很难有学生的主动发展；没有教师的教育创造，就很难有学生的创造精神。"①可见，教师素质对于教育发展和人才培养有着重要作用。当前，为了不断提升自我素质，广大教师的自我发展意识日渐觉醒，他们不再满足于做一名守成型教师，从事传统的"知识授受"教学，而是努力渴求成为一名创新型、发展型教师。要实现这一愿望，首先必须要找到实现教师发展的有效途径。

关于教师的专业发展途径，目前有教师进修、攻读学位、自学考试、函授、远程培训，等等。这些发展途径，虽在提高教师素质方面发挥了一定作用，但其局限性也较为明显：或因教师投入精力过大而影响教学，或因理论和实践结合不够而脱离教学实践太远，或因其他相关措施不到位而使培训流于形式，其在促进教师专业发展的有效性方面都有一定局限。广大教师也因此产生了不同程度的困惑：究竟应

---

① 叶澜：《教师角色与教师发展新探》，教育科学出版社，2004年，第3页。

选择怎样一种途径才能实现自我发展的需求呢?

在此情况下，自我研究的出现使教师们眼前一亮。自我研究倡导教师研究自我教学实践，倡导与同行和学生的合作，要求实践者和研究者的合一，使其以研究的方式改变自己的实践和自我，他人无可取代，要求公开自我研究成果供大家批判交流……这些带有全新空气的教学思想，无疑吻合了教师们的发展意愿，相比其他发展方式而言，这种方式更现实、更可行，也可能更有效。如果自我研究能够在教师的专业发展中体现出其他发展方式所无法比拟的优越性，那么这一方式将会被更多的教师或教师教育者接受。我国有上千万的中小学教师，再加上普通高校的教师和师范院校的教师教育者，这是一个十分庞大的群体，如果都把自我研究作为其发展的首选途径的话，那么自我研究的群体范围将大大扩展，而且这符合《国务院关于基础教育改革与发展的决定》“鼓励合作学习，促进学生之间的相互交流、共同发展，促进师生教学相长”的要求。如果深入严谨地实践，自我研究将能够帮助师生提升主体意识、增强批判反思意识、增强平等和合作意识、增进创新意识、促进教学知识概念重建和积累，实现师生真正意义上的“教学相长”。

四、基础教育课程改革的持续推进，将使教师教育者开展自我研究的内容更加丰富

根据中共中央、国务院《关于深化教育改革全面推进素质教育的决定》和《国务院关于基础教育改革与发展的决定》，我国拉开了第八次基础教育课程改革的序幕，以“为了中华民族的复兴，为了每一个学生的发展”为课程改革的基本价值取向，调整和改革基础教育的课程体系、结构、内容，实现了课程全面性、整体性与系统性变革，

构建了具有中国特色、反映时代精神、体现素质教育理念的基础教育课程体系，各学科课程标准得到中小学教师的广泛认同，并分别于2001年和2011年颁布义务教育课程方案和课程标准。

在新的形势下，为贯彻党的十八大、十九大精神及全国教育大会部署，尤其是落实好立德树人根本任务，教育部再次修订印发义务教育课程方案和语文等16个课程标准，于2022年秋季学期开始执行。各课程标准修订后的主要变化表现在：一是优化了课程内容结构。基于核心素养要求，遴选重要观念、主题内容和基础知识技能，精选、设计课程内容，优化组织形式。设立跨学科主题学习活动，加强学科间相互关联，带动课程综合化实施，强化实践要求。二是研制了学业质量标准。依据核心素养发展水平，结合课程内容，整体刻画不同学段学生学业成就的具体表现。三是增强了指导性。针对“内容要求”提出“学业要求”“教学提示”，细化了评价与考试命题建议，注重实现教、学、考的一致性。总体而言，新修订的义务教育课程方案和课程标准方向正确、结构合理、重点突出、思路清晰、逻辑严谨，思想性、学理性、现实性较强，符合党和国家对教育的新要求，符合义务教育阶段基本特征，符合教育教学规律，比较成熟。①

上述改革展现了基础教育课程改革的历程和趋势，也对教师教育改革与发展，教师教育者工作变革提出了崭新要求，将为教师教育者开展自我研究提供广阔空间和丰富研究领域及内容。如果将自我研究和课程改革进行结合，协调一致，那么定会将教师教育者作为课程规划者、实施者、研究者等角色优势发挥得淋漓尽致，为课程建设注入

---

① 教育部教材局负责人就《义务教育课程方案和课程标准（2022年版）》答记者问 [EB/OL].（2022-04-21）http://www.moe.gov.cn/jyb_xwfb/s271/202204/t20220421_620066.html.

更新活力，积累更多成果。

五、现代信息技术的发展，将使教师教育者开展自我研究的方法手段更为多样

当今世界已步入信息化时代，开启“第四次工业革命”时期。现代信息技术是一个内容十分广泛的技术群，它包括微电子技术、光电子技术、通信技术、网络技术、感测技术、控制技术、显示技术等，正以超强的速度、广度和深度，广泛地渗透到和改变着人们的工作、生活和学习，将整个社会和各行各业迅速带入了一个新的时代，这将会使教师教育者开展自我研究的方法手段更为多样。

首先，现代信息技术的发展将会使自我研究的交流途径变得更加多样。自我研究倡导教师教育者与学生、合作者之间的交流，传统的途径有个人访谈、问卷调查、交流座谈会等。这些传统的交流途径受时空的限制，交流范围十分有限。如进行问卷调查，只能局限于所接触到的群体，规模数量不会太大；召开交流座谈会，也只能局限于所熟识的群体范围内。随着现代信息技术的发展，研究者可以通过电子邮件、腾讯会议、钉钉、学习通、问卷星等多种媒介展开交流，大数据抓取、人工智能手段，突破了时空限制，交流途径和交流范围大为拓展，这将深深带动教学理念、教学内容、教学方式、教学评价等发生巨大转变。

其次，现代信息技术的发展将会使自我研究的交流方式更为隐蔽。自我研究要求研究者公开自己的研究成果，在同行间进行分享并接受同行质疑。但实际上，有不少教师教育者并不愿意公开自己的研究成果，他们或怕被同行质疑，或怕被同行“窃取”，尤其是对自己本单位的、熟识的同行，就更不愿意公开了。现代信息技术的发展，

从技术上使研究者公开成果成为可能。在匿名的网络空间，研究者可以不用顾及现实中的身份和利益，放心公开自己的研究成果，充分享受网络共享带给人的便捷和高效。

再次，现代信息技术的发展将会使自我研究的数据获取和处理手段更为先进。互联网技术、大数据、人工智能、虚拟仿真等技术的发展，可以帮助教师或教师教育者在进行自我研究中自动获取和分析处理数据。传统的数据处理手段耗时低效，且经常出错，准确率不好掌握，但如今这一问题变得非常简单，研究者可以通过一些工具软件，很轻松地就完成了数据获取、分析和处理，并因智能推送获取更多相关信息。例如，过去人工统计 100 份问卷，至少需要半天时间，现在可能用不上半个小时。再如，过去人工绘制图表，常常要耗费很大的精力，现在只要把数据输入电脑，瞬间就会生成清晰准确的图表。技术助力研究将为自我研究插上腾飞的翅膀。

第二节　教师教育者开展自我研究面临的挑战

机遇与挑战是一对孪生兄弟。展望未来，自我研究在面临上述发展机遇的同时，也面临着诸多挑战。

一、学术地位“合法化”的挑战

自我研究的价值若要被更加充分地领会、理解和展示，就必须不断提升其学术性，在学术界获得“合法化”地位。然而，受学术界的普遍规则、大学文化的特征、自我研究的特性，以及教师教育者被边缘化的地位等因素制约，自我研究在学术界地位的“合法化”之路依然漫长。

首先，自我研究挑战了学术界的普遍规则。学术界的奖励规则垂直简单，普遍认为发表的成果是最有价值的，发表的越多越好，尤其是那些视角、风格或流派独特的，发表在权威或核心期刊上的成果也很受欢迎。自我研究若要获得学术界的认可，也必须尽量在权威或核心期刊上多发表成果。但是，以往的惯例是学术界和权威期刊普遍欢迎“传统”的研究成果，因为传统的研究普遍建立在科学实证主义基础之上，强调研究结果的客观性、确定性、普遍性、非个体性和可量化性等；而自我研究则正好与其相反，是建立在实践认识论基础之上的，强调主观性、不确定性、情境性、个体性，从本质上而言是质性的，难以量化。可见，自我研究对当前学术界的规则形成挑战，很大程度上也增加了其研究成果发表的难度，不利于其在学界地位的树立。

其次，自我研究理念与大学文化难以相容。为维护其声望和地位，大学更倾向于通过“抽象”和“晦涩”的标准来判断和建构学术知识。如迈耶斯（Mayers）认为的那样，“抽象”和“晦涩”是固定的安全特征，能帮助保存、隔离和保护学术声望。① 而自我研究更多体现的是具体、通俗和个人化的特征，强调公开性，包括公开自己的身份、所在机构和研究成果，这将使研究者及其单位易于遭受攻击，并且需要做出解释，这是不利于保护大学声望的。所以，在很大程度上，大学文化对自我研究的实践探究精神不仅不重视，还认为它不合时宜、具有破坏性、应当责难（或至少否定任职资格）。还有人提出大学教师参与研究自己的实践和学生的学习会产生一些伦理问题，包

① HAMILTON M, et al. *Reconceptualizing Teaching Practice: Self-study in Teacher Education*. London: Falmer Press, 1998: 228.

括隐私和尊敬的问题等，可能还要受到某些机构，如评论委员会（IRB）等的审查。①

再次，教师教育者的地位在学术界被边缘化。在现行高等教育体系中，教师教育的基础还相对薄弱，较之基础教育、高等教育等学科而言，教师教育的地位还处于"边缘化"状态，甚至连教师教育者也认为自己是边缘人，在学术界没有权利和地位。正是因为这个原因，很多从事教育研究和学科教学的教师不选择把自己定位为教师教育者。所以，开展自我研究也需要教师教育者们挑战这种被"边缘化"的身份和地位。

由此看来，自我研究在学术界的"合法化"之路仍然崎岖且漫长。自我研究要如何应对这一挑战，还应进行提前思考、筹划和准备。

二、自我研究成果"影响力"的挑战

教师教育者研究领域知名学者蔡克纳曾说：自我研究对世界教师教育的最大贡献是确立了被普遍低估的教师教育者业绩的重要性和地位，并促进教师教育的专业化进程，使教师教育者获得持久的专业发展支持，进而提升了教师教育质量。但就整个教师教育研究领域乃至教育领域而言，教师教育者自我研究的影响力还十分有限：一是它实际上不被当作非常严肃的研究；二是对教师教育政策制定还影响甚微；三是教师教育者自我研究成果的综合性、团体性及与教师教育计划之间的关联性并不突出，从这些自我研究中能够获得什么，这些研

① COCHRAN-SMITH M, LYTLE S L. *Practitioner Inquiry, Knowledge, and University Culture*. In LOUGHRAN J J, et al. *International Handbook of Self-Study of Teaching and Teacher Education Practices*. Dordrecht: Kluwer Academic Publishers, 2004:637.

究基于什么，以及在当前的研究领域应如何扩展我们的知识不甚明确。①

如此看来，未来教师教育者开展自我研究要增进对研究选题的挖掘和统整，做好研究设计和研究成果的规划，增加研究人员的多样化构成，开展更多跨界的合作研究，借鉴“U-G-S”教师专业发展模式，在研究人员构成上吸收教师教育理论界、实践界甚至管理界成员，开展基于重大突出教师教育实践现象和问题或项目的合作探究。如师范生的实践教学一体化改进、师范生的核心素养培养等项目，就可以邀请高校研究者、中小学研究者及教研员、大中小学管理者等开展协作探究，关联理论与实践、校内与校外、教学与管理等多个层面，共同增进合作研究成果的理论想象力、解释力和前瞻力，实践实效性和执行力及管理的服务性和协调性。必要时可通过上呈研究报告，提请各级领导批示成果转化等形式扩大研究的影响力和贡献力，赢得教师教育者在准教师培养中独有的“两栖”优势，从而拥有普通高校教师和一线教师缺乏的不可替代性和地位。

三、教师教育者专业“标准化”的挑战

自我研究赋予教师教育者更多认识和管理自己实践的权力，体现了一种专业自主。但是这种专业自主正在面临教师教育者专业标准化的挑战。

20 世纪 90 年代中后期，受标准本位的教育改革和教师教育研究成果等的影响，为了提高教师教育质量和促进教师专业化发展，一些国家相继出台了教师教育者专业标准。如 1996 年美国教师教育者协会

---

① ZEICHNER K. *Accumulating Knowledge across Self-studies in Teacher Education*. Journal of Teacher Education, 2007,58(1), 36—46.

（Association of Teacher Educators）提出了《教师教育者专业标准》；2006年英国高等教育学院（Higher Education Academy）出台了《高校教师教学专业标准框架》；1998—2008年的10年间，荷兰教师教育者协会先后制定出台了三套教师教育者专业标准。①

专业标准的制定，旨在从外部对教师教育者的专业素质进行规范，主要包括知识、能力、德行等不同方面。荷兰还开发了“自我评价、专业发展和注册”（self-assessment，professional development and registration，简称SPR）程序作为教师教育者专业标准的辅助工具，②用于促进教师教育者的专业开发和改善，也用于外部监控教师教育者的教学质量。其他国家（如美国、澳大利亚、以色列等）的专业标准，与荷兰有很多共性特征。③

为了在对教师教育者进行监督和管理时目标明确、评价方便，各国在制定专业标准时，总是极力把各类评价指标层层细化。但越强调外部的质量鉴定，指标越是细化，可能越容易使条条框框限制教师教育者的创造性发展，并限制了教师教育者的自由，使其难以开展个性化的实践。这对以专业自主为特征的自我研究来讲，无疑又是一个现实的挑战。

---

① 详见 KOSTER B，DENGERINK J J. *Professional Standards for Teacher Educators：How to Deal with Complexity，Ownership and Function. Experiences from the Netherlands*. European Journal of Teacher Education，2008：31(2)：135—149.

② SPR于2000年开发，包含以下七个程序：(1) 利用标准评分表来分析自身的优势与不足；(2) 与同行教师分享自己的成果；(3) 收集来自其他教师教育工作者和学生的反馈评价（不少于30名学生、5名教师教育工作者）；(4) 制定专业发展目标和计划；(5) 与两位同行评审一起讨论制定的专业发展目标和计划；(6) 创建成长记录袋，通过成长记录袋来收集教师教育工作者的工作和发展情况；(7) 与同行评审一起对教师教育工作者进行总结性评价。参见李玲，邓晓君：《荷兰教师教育工作者专业标准研究》，《西南大学学报》（社会科学版），2010年第1期，第67—70页。

③ SMITH K. *Teacher Educators' Expertise：What Do Novice Teachers and Teacher Educators Say?* Teaching and Teacher Education，2005，21(2)：177—192.

综上可见，制定教师教育者专业标准已成为教师教育的国际潮流，我国教育部也建立了一系列教师教育标准体系，虽然尚未出台教师教育者的专业标准，但相关研究已在进行之中，随着教师教育专业化的需求、教师教育国际化的推进，标准的出台也是迟早之事。自我研究应对教师教育者专业标准化的挑战，是我们早晚要面对的问题。在这个国际化大潮中，如何帮助教师教育者探询合适的开展自我研究的路径，是我们现在就应思考的问题。

除了上述挑战之外，自我研究还面临如何在传记、历史、他人及实践中更好地定位自我的严峻挑战，不断思考如何彰显自我经验，又不唯我独尊；如何不忘个人历史，又能结合社会现实；如何解决个人困惑，又能关注公共问题；如何理解复杂的实践，又能不断丰富理论……

未来，教师教育者开展自我研究将迎着希望，战胜挑战，以其独有的魅力继续为教师教育者理解和变革实践、丰富教师教育的知识做出应有的贡献，并获得自身的不断完善。

第八章　深入推进中国特色教师教育者专业成长

教育是国之大计、党之大计，教师是教育发展的第一资源，高质量教育发展需要推动中国特色的教师教育发展。中国特色的教师教育是指“基于教师专业发展理念而建立的以师范院校及综合性院校师范专业为主体的职前教育体系和结构化的、科学的在职教育体系，共同组成教师培养体系”①。它是一个开放的大系统，其基本图景应体现高质量开放、制度化协同、实质性联动三个特征②。中国特色的教师教育体系发展需要大力推动中国特色教师教育者的一体化专业成长，并建立完善的中国特色教师教育者发展支持体系。

---

① 戴立益：《教师教育创新与师范专业认证》，华东师范大学出版社，2020 年，第 11—12 页。

② 赵英：《论中国特色教师教育体系的应然图景》，《教师教育学报》，2021 年第 3 期，第 40—47 页。

第一节 大力推动中国特色教师教育者一体化发展

强国必先强师。作为教师的教师，教师教育者是教师教育发展之本，更是中国特色教师教育体系发展的基础，是建设教育强国的坚强支撑。因此，要大力推进满足中国特色教师教育体系发展需求的中国特色教师教育者一体化发展。

一、中国特色教师教育者一体化发展的含义

中国特色教师教育者一体化发展是指教师教育者作为专业人员，在新发展理念、终身教育思想和教师专业发展理论指导下，为适应发展中国特色、世界水平的现代教育理想需求而构建的职前教育、入职教育和在职教育相互衔接、相互支持，又各有侧重的发展体系，是教师教育者在专业理想、专业知识、专业能力、专业自我等方面全程性、渐进式、一体化的发展过程。中国特色教师教育者一体化发展凸显教师教育者的专业性，坚持教师教育者发展的终身性，坚持“完全培养”的理念，突出教师教育者成长的连续性，贯穿教师教育者成长始终，强调教师教育者素质提升的整体性，在实践过程中，需要基于教师教育者发展一体化的视域，建构连续性的发展目标，聚焦作为“跨界人”的关键素养①，创新协同联动型的培养机制，建立整合完善的支持体系。

中国特色教师教育者一体化发展具有跨界性，突出教师教育者作

① 龙宝新，陈晓端：《跨界人：教师教育者的身份定位及其关键素养》，《河南师范大学学报（哲学社会科学版）》，2020 年第 6 期，第 145—152 页。

为“跨界人”“跨界的能动者”① 的关键素养，学者龙宝新等人认为，这些关键素养是教师教育者行业特有的硬核素养，包含：“理—实”贯通能力、扁平内融型知能结构与教育元认知能力。其中，“理—实”贯通能力是教师教育者整合能力的直接内容，扁平内融型知能结构是其实现理论实践相整合的专业素养条件，教育元认知能力是推进理论实践深度整合的上位能力支撑。②

中国特色教师教育者一体化发展具有培育性，即突破教师教育者专业化进程中的“认定思维”，试图认定某一群体或个人为教师教育者的思维观念；强化“培育思维”，即将教师教育者作为一个新兴专业类型，通过独特培育渠道来培养的观念。龙宝新等人认为，从“认定思维”走向“培育思维”是教师教育者专业化的科学路径。③ 同时，这也将促进教师教育者从“身份赋权”向“素养胜任”转向，从而大大增进教师教育者的底气。④

中国特色教师教育者一体化发展具有立体性，置身时间、空间和社会三维立体空间，关注其纵向一体化成长历程，丰富横向成长内容，激发内外成长动力，促进理论和实践成长视域融合，开拓广阔校内外成长空间，立足大学和中小学工作场域，扎根个人生活和专业生活，实现个人及团队成长主体高质量发展。

---

① 王鉴：《跨界的能动者：教师教育者专业成长路径探析》，《中国教育学刊》，2019 年第 7 期，第 84—90 页。

② 龙宝新，陈晓端：《跨界人：教师教育者的身份定位及其关键素养》，《河南师范大学学报（哲学社会科学版）》，2020 年第 6 期，第 145—152 页。

③ 龙宝新，陈晓端：《跨界人：教师教育者的身份定位及其关键素养》，《河南师范大学学报（哲学社会科学版）》，2020 年第 6 期，第 145—152 页。

④ 王鉴：《跨界的能动者：教师教育者专业成长路径探析》，《中国教育学刊》，2019 年第 7 期，第 84—90 页。

二、中国特色教师教育者一体化发展的意义

教师是立教之本，兴教之源，是打造中华民族“梦之队”的筑梦人，教师教育者是帮助未来筑梦人圆梦的人。中国特色教师教育者一体化发展具有如下重要意义。

（一）有利于推进我国高素质专业化创新型教师队伍建设

习近平总书记强调：“国家繁荣、民族振兴、教育发展，需要我们大力培养造就一支师德高尚、业务精湛、结构合理、充满活力的高素质专业化教师队伍，需要涌现一大批好老师。”① 《中国教育现代化2035》进一步明确了建设高素质专业化创新型教师队伍的目标。教师教育者作为这支队伍的培养人，其中国特色的一体化发展定能为这支队伍的迅速成长提供坚实基础，并将在坚定职前教师教育理想、促进身份认同和夯实教育教学基础，使其热爱教育、学会教育、善于教学等方面发挥重要的榜样示范作用。

（二）有利于适应新时代人民日益增长的高质量教育需要的客观要求

伴随中国特色社会主义进入新时代，我国社会主要矛盾已经转化为人民日益增长的美好生活需要和不平衡不充分的发展之间的矛盾，已经步入一个“物质丰裕的时代”。此时，中国教育事业发展开始必须直面至少来自两个方面的挑战：一是教育需求类型的升级；二是社会人口结构的变化。② 人民对教育的需求已经从有学上转为要上好学，追求高质量的教育。高质量的教育体现为高品质的教育，能够促进师

---

① 习近平：《做党和人民满意的好老师——同北京师范大学师生代表座谈时的讲话》，人民出版社，2014 年，第 4 页。

② 檀传宝：《发展范式转型的意味——论“2019 年以后”的中国与中国教育应有的变革》，《中国教育学刊》，2022 年第 8 期，第 64—69 页。

生主动全面发展，实现身心愉悦幸福的状态，并推动教育的公平正义和创新。教师教育者作为准教师的“守门人”，其富有中国特色的一体化发展将为启发、唤醒、激励准教师形成科学教育理念，培育缜密的教学思维和采取积极的教育行动，进而为推进高质量教育发展保驾护航。如龙宝新等所言：“一个真正的教师教育者追求的是理论界产出的好成果与实践界产出的好做法的普及、对接与结合，致力于从中衍生出更好的教育工作样式与准教师专业指导范型，使之成为推动国家教育变革的生发点、发力点。”①

（三）有利于满足教育现代化、夯实教育强国建设之基的时代要求

教育现代化是国际教育发展的趋向，也是我国当代教育发展的目标。《中国教育现代化 2035》全面系统地描绘了 2035 年中国教育现代化的蓝图，它提出：到 2035 年，总体实现教育现代化，迈入教育强国行列，推动中国成为学习大国、人力资源强国和人才强国，为到 21 世纪中叶建成富强民主文明和谐美丽的社会主义现代化强国奠定坚实基础。同时，还提出中国教育现代化必须实施的十大战略任务，任务之一即为建设高素质专业化创新型教师队伍，该队伍的建设需要健全以师范院校为主体、高水平非师范院校参与、优质中小学（幼儿园）为实践基地的开放、协同、联动的中国特色教师教育体系。这充分展现了教师教育者肩负的神圣使命，也彰显了任务和使命的紧迫性。中国特色教师教育者一体化发展将为教师教育者更好地履职尽责，推进教育现代化，夯实教育强国建设奠定坚实基础。

① 龙宝新，陈晓端：《跨界人：教师教育者的身份定位及其关键素养》，《河南师范大学学报（哲学社会科学版）》，2020 年第 6 期，第 145—152 页。

（四）有利于迎接国际教育竞争和创新型国家发展的需要

未来的竞争归根结底是人才的竞争，人才的培养则依赖教育。发展具有中国特色、世界水平的现代教育需要扎根中国大地，坚定不移地走中国特色社会主义道路；同时，更要放眼世界，充分吸收世界先进办学治学经验，办好各级各类教育，建设世界一流大学和一流学科，形成高水平的人才培养体系①，这些又充分依赖高质量的各级各类教育者的共同努力，而作为培育各级各类教师的教育者们只有获得一体化、本土化、可持续又具国际视野的发展才能充分应对，从而确保我国充分应对国际高科技和国际教育的竞争。尤其近十年，我国深入实施创新驱动发展战略，坚定不移走中国特色自主创新道路，大力建设创新型国家和科技强国，科技事业发生了历史性、整体性、格局性重大变化，已成功进入创新型国家行列。② 近十年来，我国学前教育取得了跨越式的发展，③ 义务教育质量迈入世界先进行列，④ 普通高中教育改革发展取得重要进展和显著成就，⑤ 高等教育事业以高质量为统领，注重由要素发展观转向整体发展观，不断探索建立与国情

---

① 参见本书编写组：《习近平总书记教育重要论述讲义》，高等教育出版社，2020年，第120—129页。

② 中国这十年：我国成功进入创新型国家行列［EB/OL］. http://www.gov.cn/xinwen/2022-06/07/content_5694355.htm.

③ 教育这十年：介绍党的十八大以来学前教育改革发展成效［EB/OL］. http://www.moe.gov.cn/fbh/live/2022/54405/.

④ 教育部：我国义务教育质量迈入世界先进行列［EB/OL］. https://baijiahao.baidu.com/s?id=1736256766929328658&wfr=spider&for=pc 还可参见教育这十年：介绍党的十八大以来义务教育改革发展成效［EB/OL］. http://www.moe.gov.cn/fbh/live/2022/54598/

⑤ 教育部：十年来，我国普通高中教育改革发展取得重要进展和显著成就.［EB/OL］. http://edu.china.com.cn/2022-07/05/content_78306796.htm. 还可参见教育部：介绍党的十八大以来我国高中教育改革发展成效［EB/OL］. http://www.moe.gov.cn/fbh/live/2022/54639/.

相适应、具有中国特色的教育理念与模式，并取得了历史性成就，发生了格局性变化，为科技进步、国家发展、民族振兴发挥了极端的重要作用，在世界高等教育发展中发出了中国声音、提供了中国经验、贡献了中国智慧。① 此外，这十年来，我国在职业教育、研究生教育等方面也都取得了卓越成就。

作为新时代的教师教育者，面向新征程，必须坚持以习近平新时代中国特色社会主义思想为指导，立足中华民族伟大复兴战略全局和世界百年未有之大变局，心怀“国之大者”，为服务国家富强、民族复兴、教育兴盛、人民幸福贡献力量。

（五）有利于实现教师教育者个体和群体发展价值

虽然教师教育者群体被关注时间并不长久，但尤其是近十年来，该群体的建设重要性已为国家所认可，如《教育部、国家发展改革委、财政部关于深化教师教育改革的意见》《中共中央 国务院关于全面深化新时代教师队伍建设改革的意见》《教师教育振兴行动计划（2018—2022年）》《教育部关于实施卓越教师培养计划2.0的意见》等都明确提出加强教师教育者队伍建设，推动高校配足配齐配优教师教育类课程教师，并在专业发展、职称晋升、岗位聘用等方面予以倾斜。这些为教师教育者发展指明了方向，并提供了重要的政策依据。在创建中国特色、世界水平的教育体系，建设教育强国的伟大征程上，一支富有中国特色的高素质教师教育者队伍定将为加强高素质教师队伍建设、解决好教育发展不平衡不充分问题、办好人民满意的教育贡献巨大智慧和力量。通过激发他们的热情参与、创新、创造和贡献，增强他们的专业成长、增进事业成功、提高成就的获得感和幸福

---

① 教育部：介绍党的十八大以来我国高等教育改革发展成效［EB/OL］. http://www.moe.gov.cn/fbh/live/2022/54453/.

感，进而实现教师教育者个体和群体的发展价值。

三、中国特色教师教育者一体化发展的阶段

中国教育现代化服务于国家现代化，中国教育现代化要创造中国教育发展范式，建构中国教育话语系统，其发展的思想理论根基是坚持中国特色社会主义的道路自信、理论自信、制度自信、文化自信，真正践行人民为中心的发展思想，实现面向人人，人人出彩，坚持“创新、协调、绿色、开放、共享”五大发展理念的指导，建构具有活力的中国特色现代教育体系，这也是中国特色教师教育者一体化发展的理论根基和行动指南。同教师发展阶段一样，教师教育者的发展要统合教师教育者职前、入职、职后一体化教育的终身发展新视角，为其提供更加连续、稳定、系统、专业的发展空间。具体而言，中国特色教师教育者一体化发展包括职前教育、入职教育和在职教育三个阶段，每个阶段要有相对明确的发展目标、完善的内容、多样的形式、明确的路径，三个阶段相互衔接，成为一体。但需明确的是，并不是具有了教师教育者身份，就自然成为“合格”和“专业”的教师教育者，要树立教师教育者“培养思维”，即他们也是需要培养的，并且这是个长期、复杂、系统、终身化的过程。而现实中，教师教育者的专业化并未受到足够重视。“教师教育者的职前培养在当前世界范围内都比较缺乏，教师教育者的职前教育与后面的入职教育和在职教育相比有比较大的不同。”① 学者李学农说：“传统师范院校培养教师教育者的教育以及在研究生层次上依然进行传统的培养，并不能被称为‘专业’教师教育者的教育，或者说称不上是一种以基础教育学

① 郑丹丹：《教师教育者及其专业标准的国际比较研究》，浙江大学出版社，2015年，第128页。

校职业实践为根基的专业教育。那种培养教师教育者的教育是学术取向的，培养教师教育者的专业教育，应当是一种以教师职业实践为取向的专业教育。"[①] 需要针对不同阶段、不同对象、不同情境，在内容和途径等方面区别对待，促进针对性、专业性地发展。

（一）职前教育阶段

教师教育者的职前教育指教师教育者在从事教师教育工作前接受的培训或专业学习。职前教育的主要对象是教育领域的硕士或博士毕业人员，也包含一些从中小学教师转变而来的教师教育者或学历提升后从教的教师教育者。职前教育内容立足于针对教师教育者的基本要求，开展必要的教师教育者基础知识学习，并通过专业培养项目及设置和实施相应课程，促进教师教育者队伍的专业化培养。教师教育者的知识基础是指教师教育者进行教师教育实践所必需的知识，是系统组织的、容易获取的专业共同体知识体系，能够促进教师教育者共享和发展自己的专业知识、观念、动机和实践。[②] 它为教师教育者的培养提供方向，并为培养教师教育者设置职前课程提供了参考。荷兰教师教育者协会和荷兰自由大学研究提出教师教育者的知识基础框架，将教师教育者的知识基础分为三个大领域十个小领域：核心领域、特定领域、扩展领域，[③] 涵盖了教师教育者工作所学的共性知识和特殊知识。美国学者古德温（Goodwin）认为准教师教育者的知识基础包含五个方面：（1）个人知识/自传与教学哲学；（2）情境知识/了解学生、学校和社会；（3）教学法知识/内容、理论、教学方法、课程编

---

① 李学农：《论教师教育者的专业发展》，《教育发展研究》，2012 年第 12 期，第 53—57 页。

② 参见郑丹丹：《教师教育者及其专业标准的国际比较研究》，浙江大学出版社，2015 年，第 129 页。

③ 参见郑丹丹：《教师教育者及其专业标准的国际比较研究》，浙江大学出版社，2015 年，第 130—131 页。

制；（4）社会学知识/多样性、文化关联、社会公平；（5）社交知识/合作、民主团结进程、解决冲突。① 学者李学农认为，教师教育者的自我专业发展应把握“专业”的“教”、“专业”的“教‘教’”和“专业”的“教‘学教’”三方面。②

本研究关于教师教育者在从事本工作前接受的相关培训情况显示，83名被调查者中，“接受过全面系统的培训”的教师占32.53%；共计27人；“接受过一定的相关培训”的教师占31.33%，共计26人；“没有接受过培训，但有过自学相关知识”的教师占18.07%，共计15人；“没有接受过培训，但有相关的教师教育实践经验”的教师占7.23%，共计6人，“完全没有接受过培训，且没有相关经验”的教师占10.84%，共计9人。上述数据表明，虽然有近63%的人员接受过一定培训，但未接受培训人数比例仍然偏高，总体培训有待加强。

关于准教师教育者的培养路径和方式，国内外均有一些特色化尝试。如美国威斯康兴大学麦迪逊分校对教师教育者培养项目的博士生开展课程学习，并让他们参与大学导师与有经验的合作教师开设的工作坊，阅读本领域文献，了解相关教师资格制度及入职教育内容等。③ 还有些高校开设选修或开放的教师教育方面的研究生课程，让学生担任教师教育者的助教，接受相关实践指导，并接受一些教师教育专家开展的论文指导，临床教师项目等。李学农建议，在教师教育机构中建立培养教师教育者的专业——教师教育者教育专业，从硕士学位教

① 郑丹丹：《教师教育者及其专业标准的国际比较研究》，浙江大学出版社，2015年，第130页。

② 李学农：《论教师教育者的专业发展》，《教育发展研究》，2012年第12期，第53—57页。

③ ZEICHNER K. *Becoming a Teacher Educator: A Personal Perspective*. Teaching & Teacher Education, 2005,21(2), 117—124.

育开始，向博士学位教育发展。或者可依据学科领域划分方向，如教师教育者教育专业的汉语言文学教育方向、数学教育方向、物理教育方向等。亦可区分出理论与实践领域教师教育者教育，如大学教师教育机构中的教师教育者教育和基础教育学校的教师教育者教育。①

（二）入职教育阶段

教师教育者的入职教育指教师教育者初任教师教育岗位时所接受的适应性教育，以期尽快调适心态，适应环境，增进身份认同，顺利开展教师教育工作。相较于教师教育者的职前教育而言，教师教育者的入职教育阶段较受关注，所有新入职的教师教育者均应接受一定的入职教育。入职教育大体可以分为组织入职和专业入职。组织入职指教师教育者对新工作环境、组织机构及人员构成和要求等的了解与熟悉的过程。专业入职指教师教育者对胜任工作要求及应具备的专业素养的学思践悟过程。所有新任教师教育者均需经历组织入职和专业入职过程，组织入职短期内可以完成，专业入职涉及专业素养的逐步提升和专业身份的不断认同，需要一至三年甚至几年才能实现，对于漫长的教师教育者专业化发展进程而言，某种意义上说，专业入职也是个终身持续不断的过程。此外，也有研究者从教师教育者工作任务和角色视角讨论教师教育者的入职适应问题，指出其入职适应具有双重性：第一重适应指适应教学与科研；第二重适应指教师教育者逐步意识到“教师的教师”角色的特殊之处，并逐步提升相应专业素养，担负起师范生教育职责的过程。这种双重适应的产生经历了从“自我认同”转向谋求“对象认同”，从谋求“对象认同”到关注对象特质，

---

① 李学农：《论教师教育者的专业发展》，《教育发展研究》，2012 年第 12 期，第 53—57 页。

并根据对象重塑自我的过程。①

本研究关于初任教师教育者的入职教育情况显示，被调查的83人中，“接受过全面系统的培训”的教师占21.69%，共计18人；“接受过一定的相关培训”的教师占55.42%，共计46人；“没有接受过培训，但有过自学相关知识”的教师占14.46%，共计12人；“没有接受过培训，但有相关的教师教育实践经验”的教师占6.02%，共计5人；“完全没有接受过培训，且没有相关经验”的教师占2.41%，共计2人。综述职前和初任教师教育者培训数据可见，在成为初任教师教育者前后，教师接受一定相关培训的人数在增加，说明成为教师教育者后，教师会有一定的培训机会，也更有意识地去参加相关培训。但是，在默认培训质量合格或较好的情况下，接受全面系统培训的人数比例仍待大幅提升，这将直接关系到初任教师教育者的身份认同、专业成就感和幸福感、忠诚度及教师教育质量。

教师教育者入职教育是一种基于实践的专业教育，具有一定的实践性和专门性，需要扎根具体情境，立足专业实践的现实问题和教师教育者的现实需求，开展学习和反思。综合相关研究，总体而言，教师教育者的入职教育内容包含三大领域：教学、科研和服务。教学方面是最核心的领域，处于首要位置，包含与准教师培养直接相关的能力，发展作为教师教育者的专业知识和能力，如何更好地开展教“教”和学“教”活动，提升日常工作教学技能，提升关心、指导和监督学生的能力，尽快发展个人教学风格，还要明了相关工作标准和考核要求，规范严谨执教。科研方面，结合教学重心和个人兴趣，专业发展需要等，尽快明确一个选定的学科知识领域，不断学习，积极

① 赵喻杰：《从教育者到教师教育者——论高校师范专业教师的入职适应》，四川师范大学，2017年。

参与合作研究项目，尝试学术和专业写作，逐步构建自己的学术研究，慢慢形成自己的研究成果，并尝试将其运用到教学中。服务方面主要包含提升为学生、所在部门或机构及院系提供服务和做出贡献的能力。当然，随着时间的推移，这也将包含多种为社会提供服务和贡献的机会与能力。英国学者默瑞一项关于28位教师教育者入职情况的研究表明，尽管有之前成功的中小学工作经历，但他们依然要花2—3年时间建构新的专业身份，足见在高校工作初期实现身份认同的漫长和艰难。该研究显示，在入职头三年，教师教育者在以下领域得到了发展与学习：(1) 获得教学法知识和在高等教育机构担任教师教育者所需要的经验；(2) 强化和概括化自己关于中小学教育的已有知识基础；(3) 确立了研究者的角色；(4) 建立了与中小学导师合作的途径；(5) 获得高等教育机构以及如何运作的组织方面的知识。①

研究还指出，教师教育者们在两个领域面临挑战：一个是发展基于高等教育的职前教师教育学，二是在研究方面要表现积极。

关于教师教育者入职教育的路径和方式，大体包含如下几种。

1. 提供专业的培训项目与课程

在英国，初任教师教育者可以学习正规的研究生证书课程（Post Graduate Certificate in Education，PGCE）。在荷兰，会提供基于教师教育者专业标准需求的课程。在我国，除了进行普通高校教师资格证培训与考核外，还应当增加关于教师教育者专业工作程序、考核标准、评价体系等的学习与考核，尤其在后师范专业认证时代，更应思考如何以突出"学生中心、产出导向、持续改进"认证理念培育未来优秀师资。各教师教育机构也可以根据教师教育者的素养需求开设模

---

① MURRAY J，MALE T. *Becoming a Teacher Educator：Evidence from the Field*. Teaching and Teacher Education，2005，21(2)：125—142.

块化的培训和课程，此外，开设师德教育课程和技术教育课程也是相当必要和重要的。但无论是培训还是相应课程，都要注意保持教育的连续性和教师教育者的主体性参与，充分调动教师教育者主动学习、研究、反思、改进的积极性，用热情和灵感激发发展和创新的动力。

2. 开展机构常规入职教育

常规入职教育是对教师教育者进行的一种较为普遍的入职教育路径。在教师教育者所属的具体教师教育机构内进行入职教育有两种方式①：一种是浸入式的隐性影响；另一种是制度保障指导式的专门学习。前者指教师教育者结合实际工作环境，利用观察同伴以及指导实习时候的观察机会，在参与日常活动过程中浸入式地熟悉本机构，立足日常教育教学工作，提高专业实践质量。该方式的影响更具缄默性、情境性、灵活性、个体性。后者指教师教育机构根据相关要求提供规划指导，学习工作流程和制度要求，并开展监督评价等。这种方式的影响相对明显，但更具目的性、指令性、规划性、群体性。当然，现实中可以将两种方式有效融合。

3. 提供有经验的导师指导

严格意义上说，这种方式可属于上文提到的制度保障式指导，但因为导师和被指导的“学生”之间存在个性化的专业交往，所以单列出来。从管理和程序上说，教师教育者初入岗位，教师教育机构常规做法是为他们正式配备一名导师，有的还有正式的师徒结拜仪式。导师经过机构遴选，通常经验丰富、责任心强、乐于传帮带，他们受机构指派，接受相关规章制度管理，有明确的职责和考核要求，指导时间为一至三年不等。在此列举一所市属综合性本科高校的青年教师导

① 郑丹丹：《教师教育者及其专业标准的国际比较研究》，浙江大学出版社，2015年，第137页。

师制实施意见。

行知学院①青年教师导师制实施意见

为进一步加强对我校青年教师的培养，促使青年教师快速成长，在部分院系进行探索、积累经验的基础之上，学校研究决定在全校范围内推广实施青年教师导师制。根据上级相关文件并结合学校实际情况，特制定本实施意见。

一、指导教师的条件及职责

（一）条件

1. 忠诚党的教育事业，具有良好的师德和优良的教风，为人师表，治学严谨，工作认真负责，有指导青年教师的意愿。

2. 具有丰富的教育教学经验，教学水平高，科研能力强。

3. 原则上应具有副高及以上专业技术职务。

（二）职责

1. 制订培养计划，帮助青年教师制订个人成长计划，明确培养目标，提出培养措施。

2. 对青年教师进行师德教育，传授科学的教育思想和教学理念，培养严谨踏实、实事求是的科学态度和敬业精神。

3. 指导青年教师准确掌握各个教学环节，运用科学的教学方法和教学技能，鼓励并指导青年教师进行教学改革实践，提高教学质量。每学期听青年教师讲课不少于三次。

4. 帮助青年教师了解和掌握本学科专业的发展状态。

5. 指导期结束后，对青年教师的思想品德、业务能力、工作情

① 学院名称为化名。

况进行分析评价，并对其后续发展提出建议。

二、导师制培养对象及要求

（一）培养对象

1. 进校工作或从事教学工作不满 3 年的青年教师。

2. 院系（部）认为需要接受指导的青年教师。

3. 自愿接受指导的青年教师。

（二）对青年教师的要求

1. 在导师指导下制定个人成长计划。

2. 逐步培养严谨踏实、实事求是的工作态度和爱岗敬业、教书育人的良好品质。

3. 观摩指导教师教学，协助指导教师完成辅导答疑、批改学生作业、指导实验及其他教学环节工作。

4. 积极参与导师的科研及教育教学研究工作，提高自身的教科研水平。

5. 指导期满后，应对自己所完成的教学、科研工作和学习情况进行总结，并向院系（部）汇报，同时提交培养期间的相关材料。

三、实施办法及考核

（一）各院系（部）根据本单位实际情况制定学年度培养计划，确定指导教师人选，并报教务处备案。由教务处负责颁发聘书。

（二）指导时间一般为两学年，指导期间，各院系（部）要对培养计划的落实情况进行督促检查。

（三）指导期满后，由各院系（部）组织专家通过听课、评议教案、听取学生意见等方式，对青年教师授课水平和教案质量等进行考核，并结合日常工作情况进行综合评议，提出后续发展意见，并将相关材料报教务处备案。

本实施意见由教务处负责解释，自发布之日起施行。

综上可见，该文件充分明确指导教师的条件及职责、导师制培养对象及要求、实施办法及考核，是导师指导青年教师工作的行动指南。但该文件更多指向普通青年教师的成长和发展，缺少对青年教师教育者成长和发展的针对性。同时，对于导师工作的认定与激励尚待完善，以便提升导师工作的积极性。此外，教师教育机构的领导也是初任教师教育者入职教育的重要推动者，在提供规范的教师教育者专业培训，确立良好制度保障，营造浓厚教师教育文化氛围，确保教师教育者专业学习和开展实践与自由成长方面发挥重要作用。

4. 个体专业化学习、实践与反思

“师父领进门，修行在个人。”前面的入职教育途径与方式更多体现外力推动下的教师教育者的专业成长，真正发挥重要作用的力量来自教师教育者个体专业化学习、实践与反思。因此，初任教师教育者要提升开展专业化学习的热情，尤其是基于相关教师教育者专业标准和教师教育者知识基础，加强个人发展规划，广泛涉猎教师教育理论知识，为自身发展奠定扎实的理论基础。同时，躬行实践，在工作中不断记录和积累、反思教育教学经历、经验、教训、问题、兴趣等，形成宝贵的教育资源，并为开展教育教学实践自我研究和团体合作研究提供丰富源泉。尤其针对初入职场遭遇的实际问题，可通过开展基于问题的分析和批判性探究，挖掘实践智慧，积累实践性知识，并有目的、有计划地通过选择培训项目与课程，获得导师亲切指导，赢得组织机构支持，落实个人规划等路径增进入职教育和学习，夯实坚实的实践基础，最终实现快速成长。

此外，入职阶段是教师教育者职业生涯的开始阶段，要让其多体会积极的入职经验，避免或减少消极的入职经验。其中，积极的入职经验和消极的入职经验内容如下。

表 8-1 积极的入职经验和消极的入职经验①

积极的入职经验	消极的入职经验
参与有计划、实施良好的入职教育	入职教育主要关注实习程序，比如表扬、目标设定和同伴观察来衡量教学质量（指导式入职教育）
丰富提升学习的工作程序，包括群体活动，如团队规划、教学、书面作业的评价、联合监督学生的实习，还有观察有经验同事的教学	大多数学习是在进行密集工作时进行的。反思机会受快节奏的经验限制
有时间开展个人及同有经验同事一起的反思	没有计划好的入职教育“课程”或课程实施。学习发生在日常工作汇总，由此可能导致临时性学习（浸入式入职教育）
在一个富有支持性的团队中工作	入职教育不能满足个人学习需要，提供的是“一刀切”式入职供给
配备一个有感情的导师或接受团队其他成员的非正式的指导、支持	在缺乏支持的团队中工作或成为孤独的实践者
入职教育时承认个人经验和专业知识技能	指导质量因缺乏时间或非支持性的结构或导师和新人之间权力不平衡而受到影响
设置适当水平的挑战	

（三）在职教育阶段

如果说职前教育阶段为教师教育者职业生涯奠定前期基础，入职

① MURRAY, J. *Teacher Educators' Induction into Higher Education: Work-based Learning in the Micro Communities of Teacher Education*. European Journal of Teacher Education, 2008, 31(2):117—133.

教育阶段为其打开进入之门，那么在职教育阶段则是其职业生涯发展的核心构成，将直接决定其复杂的职业体验、感受及发展成就，并成为其立足自身教师教育专业实践，推进自己持续发展的不竭动力。现实中，相比较中小学教师的在职教育而言，教师教育者的在职教育十分有限，高校教师培训倾向于参与技能训练、互动性低的岗前培训和集中性报告，缺乏专业、深度、系统的规划性培训。加之教师教育者职前教育的缺失、低效，为了适应高素质专业化创新型教师队伍建设的需要，教师教育者的在职教育必须引起教师教育者个人、团体和机构更加充分的重视。

教师教育者的在职教育指后入职阶段的教师教育者持续提升专业素养走向专业成熟的发展过程。教师教育者的在职教育更具实践性、情境性、可持续性和高阶性。与入职教育阶段相似在于，此阶段的教师教育者同样是要基于专业实践和特定组织的系统、持续的发展；与之不同的是，此阶段的教师教育者经历了一至三年的入职教育，不再是教师教育“职场小白”，已初步具备了教师教育者的普通专业素养，如基本的专业知识、专业能力、专业情意等，需要进一步提升高阶专业素养，这也是本阶段教育的内容所在。教师教育者的高阶专业素养建基于高校教师的普通专业素养之上，是体现教师教育者作为“跨界人”“跨界的能动者”的关键素养，包含“理—实”贯通能力、扁平内融型知能结构和教育元认知能力①，是决定其是否能成为一名专业的“教师的教师”的核心素养。学者岳建军进一步将教师教育者的高阶专业素养分为理论素养和实践素养两个维度，每个维度又包含有关

① 参见龙宝新，陈晓端：《跨界人：教师教育者的身份定位及其关键素养》，《河南师范大学学报》（哲学社会科学版），2020 年第 6 期，第 145—152 页；王鉴：《跨界的能动者：教师教育者专业成长路径探析》，《中国教育学刊》，2019 年第 7 期，第 84—90 页。

"示"教、教"教"、教"学教"和研"教"四个要素。① 此阶段的发展将更加彰显教师教育者的专业属性，突出其作为教育实践者和教育研究者跨界人的身份，并促进其实现身份认同，走向特色化发展之路。

教师教育者，作为跨界人和跨界的能动者何以可能？关于教师教育者在职教育的路径，诸多学者指明了道路。学者龙宝新等提出三条路径②：一是走双专业复合教育之路，指在教师教育者培养中实现教育学术职业与教育实践行业间的"三通"，即机构互通、导师互通与学程互通。二是创建成功的教师教育案例，进行教师教育者子身份整合教育。三是开展跨界行动研究，在同时参与教育学术研究与教育实践研究中提升关键素养。学者王鉴倡导坚持理论素养与实践素养融为一体的结体性专业素养，提出创建四条教师教育者专业成长跨界之"立交桥"：建构大学教师跨界基础教育之桥、建构中小学教师跨界大学之桥、建构大学与中小学伙伴协作之桥、建构"互联网＋"背景下教师教育者跨界之桥。③ 岳建军提出，教师教育者专业发展可以通过自我研究、专业培训与专业教育及构建教师教育者共同体三大途径实现。以色列的史密斯提出教师教育者专业发展有六条路径④：（1）获取更高等学位，开展正式的专业学习；（2）本机构外的在职人员专题工作坊和研讨会；（3）机构内的具有支持性、建设性的教师发展；

---

① 参见岳建军：《教师教育者共同体构建研究》，中国社会科学出版社，2021 年，第 106 页。

② 参见龙宝新，陈晓端：《跨界人：教师教育者的身份定位及其关键素养》，《河南师范大学学报》（哲学社会科学版），2020 年第 6 期，第 145—152 页。

③ 参见王鉴：《跨界的能动者：教师教育者专业成长路径探析》，《中国教育学刊》，2019 年第 7 期，第 84—90 页。

④ KARI，SMITH. *So，What About the Professional Development of Teacher Educators?* European Journal of Teacher Education，2003，26(02)：201—215.

（4）教学反馈；（5）强制的和资源的支持；（6）团队尤其同学科的合作。还有很多相关研究，限于篇幅，不一一列举。

帕尔默曾说，教师的成长是教师内心世界和外部景观共同起作用的结果，内心世界就是教师的自身认同与自身完整，外因则是构成志同道合的共同体。① 教师教育者的成长同样如此，它离不开个人的自主和努力，更需要依赖与自身相关的其他合作者的参与和支持。因此，按照专业发展力量源泉划分，包含两种驱动模式。

一是内力驱动，以个体努力为主模式，包含课余专业阅读、主动参加线上线下的专业会议讲座、学历提升、挂职锻炼、自我研究等。除了进行在职或脱产的学历提升外，在此，尤为提倡自我研究，其以独有的魅力和作用正在成为教师教育者专业成长的重要途径，因前文有述，此不赘述。二是合力驱动，以共同体发展为主模式，包含参加单位组织的业务培训或进修、专门的课程项目、研讨会、工作坊、工作室及教师教育者共同体模式。在此，尤其提及教师教育者共同体，狭义定义特指为准教师专业发展提供有目的的、正式的、直接的引导和支持的教师教育专业人员，基于教师教育专业规范和专业认同，共同合作、亲密互动，从而形成稳定的、团结的、融洽的团体。其体现了精神共同体、治理共同体和发展共同体三重意蕴，具有专业性、实践性、合作性、研究性、共享性等特征。② 教师教育者共同体成员坚持共同的志趣和价值追求，相互支持，相互影响，协同联动，致力于教师教育者成员及其教育对象的专业发展，是在当前教育变革形势下

---

① 参见［美］帕克·帕尔默，等：《教学勇气：漫步教师心灵（十周年纪念版）》，吴国珍，等译，华东师范大学出版社，2014 年，第 3—6 页。

② 参见岳建军：《教师教育者共同体构建研究》，中国社会科学出版社，2021 年，第 112—117 页。

出现的一种教师教育创新形式。①

根据不同的分类标准，教师教育者共同体类型多样。根据存在形式不同，可以分为实体教师教育者共同体与虚拟教师教育者共同体；根据存在时间不同，可以分为长期教师教育者共同体和短期教师教育者共同体；根据跨区域程度不同，可以分为区域教师教育者共同体和跨区域教师教育者共同体；根据成员身份性质，可以分为同质性教师教育者共同体和异质性教师教育者共同体；根据驱动类型，可以分为外推型教师教育者共同体和自主型教师教育者共同体。②

促进教师教育者自主发展和教师教育者共同体建设彰显了我国《教师教育振兴行动计划（2018—2022 年）》的要求："以提升教师教育质量为核心，以加强教师教育体系建设为支撑，以教师教育供给侧结构性改革为动力，推进教师教育创新、协调、绿色、开放、共享发展，从源头上加强教师队伍建设，着力培养造就党和人民满意的师德高尚、业务精湛、结构合理、充满活力的教师队伍。"③体现该计划的十大任务之一"教师教育师资队伍优化行动"的任务要求："高校与中小学、高校与企业采取双向挂职、兼职等方式，建立教师教育师资共同体。"④

本研究的调查显示，成为教师教育者后，97.59%的教师选择

---

① 张增田，赵庆来：《教师教育共同体：内涵、意蕴与策略》，《首都师范大学学报（社会科学版）》，2012 年第 6 期，第 132—135 页。

② 参见岳建军：《教师教育者共同体构建研究》，中国社会科学出版社，2021 年，第 122—124 页。

③ 教育部等五部门关于印发《教师教育振兴行动计划（2018—2022 年）》的通知. [EB/OL]. http://www.moe.gov.cn/srcsite/A10/s7034/201803/t20180323_331063.html.

④ 教育部等五部门关于印发《教师教育振兴行动计划（2018—2022 年）》的通知. [EB/OL]. http://www.moe.gov.cn/srcsite/A10/s7034/201803/t20180323_331063.html.

“专业阅读（图书、微信公众号、网站、APP 等）”进行自我提升，共计 81 人；89.16％的教师选择“学术会议和讲座”进行自我提升，共计 74 人；68.67％的教师选择“培训进修”进行自我提升，共计 57 人；38.55％的教师选择“学历提升”进行自我提升，共计 32 人；50.6％的教师选择“挂职锻炼”进行自我提升，共计 42 人；69.88％的教师选择“开展教学科研”进行自我提升，共计 58 人；1.2％的教师选择“其他”，回答为“网络课程学习，同事经验交流”，共计 1 人。可以看出九成多的教师都会选择“专业阅读（书籍、微信公众号、网站、APP 等）”，八成的人会选择“学术会议和讲座”，近七成的教师会选择“培训进修”和“开展教学科研”，一半的教师会选择“挂职锻炼”，38.55％的教师选择“学历提升”，还有教师通过“网络课程学习，同事经验交流”来提升自身能力。这表明教师进行自我提升的途径很多，但总体而言，多样化的教师教育者共同体发展欠缺。

强国必须强教，强教必须强师，强师必须强教师教育者。建设中国特色、世界水平的教师教育体系迫切需要充分关注我国教师教育者的职前教育、入职教育和在职教育，促进中国特色教师教育者一体化发展，进而实现教师教育从注重规模向注重质量转变，从教师教育大国向教师教育强国转变。

第二节　完善中国特色教师教育者发展支持体系

从本质上说，优质的师范教育是由利益相关者充分参与、内外协同、多元促进的过程。① 高质量中国特色教师教育体系建设需要合力。高质量中国特色教师教育者的专业成长力量既要来自教师教育者个人孜孜不倦、持之以恒的努力和坚持，同时需要源源不断、相得益彰的外部环境和条件支持，促进中国特色教师教育者一体化发展，必须不断完善中国特色教师教育者发展支持体系。

一、坚持新发展理念，完善中国特色教师教育者发展的制度体系

理念是先导，制度是保障。新发展理念是指引中国特色教师教育者一体化发展的重要理论基础，“完整、准确、全面贯彻新发展理念，要统筹国内国际两个大局，统筹‘五位一体’总体布局和‘四个全面’战略布局，加强前瞻性思考、全局性谋划、战略性布局、整体性推进。”② 完善的中国特色教师教育者发展的制度体系是贯彻新发展理念的重要保证。该体系包含从教师教育者职前教育、入职教育到在职教育的三个阶段，立足于教师教育者不同发展阶段发展需求设立完善的制度，且三个阶段制度相互衔接，成为一体。从入职阶段看，包含教师教育者的职前课程体系、评价体系、支持体系和发展制度等。入职阶段包含教师教育者入职资格制度、资格注册和认定制度、培训制度、评价制度等。在职教育制度是该体系的核心，分层分类包含结构化的培训制度、校本发展制度、研修制度、评价晋升制度等。此外，完善教师教育标准，尽快制定教师教育者专业标准更是迫在眉睫。

总之，通过一体化制度的制定和规范化执行，从根本上承认教师

① 洪早清：《师范教育高品质发展：可能与可行——基于师范专业认证施行的省察》，《教师发展研究》，2021 年第 1 期，第 73—81 页。

② 习近平总书记在 2021 年 1 月 28 日第十九届中央政治局第二十七次集体学习时的讲话。

教育者的专业地位，逐步推进教师教育学科建设，教师教育专业发展和教师教育者教授职位设立。同时，充分发挥中国高等教育学会教师教育分会这个群众性学术团体的作用，推动教师教育学科建设和实践创新。更重要的是，要加强持续发挥教师教育者所在组织机构的管理、指导和激励作用，充分利用院系、工会、教研室、小组等组织划分，通过多种形式和方法对教师教育者增进人文关怀，增强职业体验满足感和幸福感。

二、浓厚教育情怀，完善中国特色教师教育者发展的思想体系

“老师对学生的影响，离不开老师的学识和能力，更离不开老师为人处世、于国于民、于公于私所持的价值观。”① 教师教育者的职业特性和劳动特点决定了教师教育者必须是道德高尚，富有浓厚教育情怀之人，以德施教，以德立身，做准教师道德修养的楷模，用高尚的人格魅力引领学生心灵，努力成为塑造学生品格、品行、品味的“大先生”。

“师德师风是评价教师队伍素质的第一标准。”②要高度重视加强教师教育者的师德师风建设，把提高教师教育者思想政治素质和职业道德水平摆在首要位置，以习近平新时代中国特色社会主义思想为指引，将社会主义核心价值观贯穿教书育人全过程，突出全员全方位全过程师德养成，推进教师教育者成为教师教育的合格“守门人”、未来教师发展的引路人和重要他人、教师教育知识的消费者和创造者……

---

① 习近平：《做党和人民满意的好老师：同北京师范大学师生代表座谈时的讲话》，人民出版社，2014 年，第 6 页。

② 习近平：《做党和人民满意的好老师：同北京师范大学师生代表座谈时的讲话》，人民出版社，2014 年，第 9 页。

浓厚教育情怀，加强教师教育者师德师风建设，要坚持“四个相统一”，这是师德师风建设的时代要求。“四个相统一”指坚持教书和育人相统一、坚持言传和身教相统一、坚持潜心问道和关注社会相统一、坚持学术自由和学术规范相统一，引导广大教师教育者以德立身、以德立学、以德施教。

浓厚教育情怀，加强教师教育者师德师风建设，要坚持教育引领和自我修养相结合。加强教师教育者师德教育引领，要把教师教育者职业理想、职业道德教育融入教师教育者培养、培训和管理的全过程。要有目的、有计划深入学习习近平新时代中国特色社会主义思想，深入开展中华民族传统文化教育，传承中华优秀师德师风。同时，教师教育者要加强道德自律，不断提升自我修养，认真做好职业生涯规划，将名师、英雄为榜样，深入学习现代黄大年、李保国、钟南山等师德楷模、道德模范、人民英雄事迹。同时，还应不断加强自主学习、自我反思、自我改进，将师德规范内化为自身坚定的信念和稳定的行动，做优做强本职工作，甘当平凡的“英雄”。

浓厚教育情怀，加强教师教育者师德师风建设，要坚持制度化、常态化。教师教育者的师德师风建设不是一蹴而就的，而是个长期潜移默化的过程。从教师教育者职前教育到在职教育各个阶段都要高度重视师德养成，分阶段、重实效，强化思想引领和“四史”学习教育，打牢思想根基，树立正反师德典型，加强宣传教育、示范引领、实践养成相统一，政策保障、制度规范、法律约束相衔接，深入学习《新时代教师职业行为十项准则》《高校教师师德失范行为处理的指导意见》，牢牢守住师德底线，不触碰师德红线，对师德失范行为零容忍。

教育是一项道德的事业，是一门爱的事业，没有爱就没有教育。

通过多措并举，浓厚教师教育者的教育情怀，从而完善中国特色教师教育者发展的思想体系，着力打造一支政治素质过硬、业务能力精湛和育人水平高超的优秀教师教育者队伍，为健全中国特色教师教育体系保驾护航。

三、搭建发展立交桥，完善中国特色教师教育者发展的素养体系

教师教育者作为专业人员，教师教育系统中最具能动性的力量，底气何来？教师教育者的职业底气来源于个人素养的充分发展和持续增进，源于需要具有过硬的知识基础，需要为“教”而不断学“教”，为“教”而不断研“教”，需要养成开放包容的教育情怀，需要强化自我认同意识。[①] 这些素养的提升，需要为教师教育者搭建发展的立交桥。

首先，重视身份赋权，提高教师教育者的身份认同。这是完善中国特色教师教育者发展的素养体系的前提。通过加强高校教师教育者身份认同研究和现实中的精准划分，尽快实现教师教育大学化背景下教师教育者身份赋权，使无论是师范院校从事教师教育工作的教师，还是综合性大学分散在不同专业院系从事（准）教师培养与培训的教师获得“合法性”身份，解决“我是谁”的身份意识模糊问题，进而为实现身份认同，提升专业素养提供组织基础和前提。同时，还有通过建立实体化的教师教育学院或者集中性的教师教育者机构、组织促使教师教育者从散在走向共生，在这个教师教育者共同体中进一步获得身份赋权，获得归属感和成就感，进而提升身份认同，展开交流对

---

① 洪早清：《教师教育者：从散在到共生》，《教师教育学报》，2016 年第 5 期，第 6—12 页。

话，共同提升专业素养。

其次，优化提升路径，提供专业素养的个性化发展支持选择。这是完善中国特色教师教育者发展的素养体系的核心。前文有述，不同阶段教师教育者因其发展需求和所处环境差异，其发展路径和方式也各有千秋。一个支持性的教师教育者发展环境，一定是开放的、包容的、立体的、多元的，在解决教师教育者“我要成为谁”“我如何干得更好”等问题上提供诸多答案，在提升教师教育者核心素养方面搭建“立交桥”，开“绿灯”，在教学、管理、科研、进修、服务等重要专业工作方面提供分层式、个性化、特色化、多样化选择和服务，鼓励合作，提倡共享，激励成长。这一方面需要政府、学校、学院层面在教师教育者队伍发展方面做好顶层设计规划、政策支持和制度保障运行，为教师教育者发展“搭好台”“建好桥”；另一方面需要教师教育者个人自主形成的发展内驱力和教师教育者共同体的合力促进，要主动“唱好戏”“路通畅”。同时，这些选择和努力应当超越时间、空间制约，打破校园内外界限，实现人人、时时、处处皆可发展，推动教师教育者实现素养胜任。

最后，创建共生生态，优化教师教育者生存和发展环境。共生是一种理念，也是一种生态。作为引领教师教育发展的关键教师群体，教师教育者不能被冷落、被忽略，不能小心翼翼散乱被动地生存着，要推动教师教育者的发展要从散在走向共生，把教师教育者置于教师教育整体系统中进行统筹规划，规范架构，多方联动，前置发展，彰显优势、地位和作用，强调“与国家教育发展大政方针共生、与教育基本要素建设和配置共生、与教师教育变革发展共生、与大学及相关教育机构事业规划共生、与同行和一线教师们的实践成长共生。”① 总之，教师教育者的自觉意识和自我认同，社会各界的关注和支持将共同为教师教育者的生存和发展提供优质环境，推动他们积极、愉快、健康地提升自身素质，提升教师教育质量。

四、利用技术赋能，完善中国特色教师教育者发展的行动体系

“各种大变革正在影响着教育系统的所有层面。”② 信息社会大到来，尤其近些年来，伴随“互联网＋”、大数据、云计算、人工智能、5G、物联网、虚拟现实等技术的发展，快速引发当代教育诸多变革，加之后疫情时代的到来，以迅雷不及掩耳之势催生系列教育变革，波及教育的不同层面。从课程到教学，从组织变革到教育制度变迁，从管理到评价，从个体到群体，从线下到线上，学习场域广泛拓展，学习时空界限模糊，学习方式的变化，不仅引发了一场教育革命，更是引发了一场学习的革命，并且机遇、挑战并存。信息社会、国际新科技竞争等正倒逼教育系统加速变革。教师教育者必须顺应教育信息化和智能环境下的教育发展，重新定位专业发展战略，担负起“互联网＋教师教育”的责任与使命。

首先，培育互联网思维，转变发展理念。“互联网思维”是非固定的思维方式，而是以开放、全局、可重构的态度对主体、环境、关系、价值链乃至整个事物进行重新审视的思考方式，包括包容式思维、慎辩式思维、关联式思维。③ 基于“互联网＋教师教育”的语境，

---

① 洪早清：《教师教育者：从散在到共生》，《教师教育学报》，2016 年第 5 期，第 6—12 页。

② ［加］迈克尔・富兰：《变革的挑战：学校改进路径与策略》，叶颖等译，北京大学出版社，2013 年，第 1 页。

③ 参见李芒：《互联网＋教育》，电子工业出版社，2017 年，第 9—11 页。

从教师教育者发展的维度，教师教育者要培育互联网思维，表现在：要适应互联网时代教育的要求，对待师范生及学生的学生采取包容和宽容的态度，相信他们都能获得不同程度的成功；以身做责并教会学生学能够自主独立、审慎思考、不迷信权威、不轻信盲从，学会质疑和挑战；要学会理性互联地对待自己的教育、教学和发展等专业工作，促进“万物互联”，拓展发展空间。

其次，重视人工智能智商（AIQ），指向人工智能时代人才培养。在人工智能时代，劳动者不仅要具备 IQ（智商）、EQ（情商），还要具有 AIQ（人工智能智商），AIQ 即利用人工智能技术的能力①。提升较高 AIQ，挖掘智力天赋，培育具有创造力、沟通力和学习力，善于与智能机器合作，凭借多元智能与智能机器竞争的新型劳动者需要以新一轮教育革命实现。鉴于 AIQ 也需要从小培养，所以 AI 教育必须前瞻性地发挥训练的重要作用。基于“人工智能时代的教师教育”的语境，从教师教育者发展的维度，教师教育者要充分了解人工智能，顺应人工智能时代的人才需求，向未来教师渗透开展 AIQ 教育思想，鼓励他们引导未来学生做中学、玩中学，培育动手思维，丰富经验体验，开发多元智能，重视学生创造力、沟通力和学习力提升，并学会习惯与机器一起高效工作。

最后，利用技术赋能，重构教师教育。20 世纪中叶以来，教育尤其是高等教育发展呈现大众化、信息化、市场化、国际化、个性化等一系列崭新趋势。“互联网＋”时代的教学在逐渐改变甚至颠覆传统教学，翻转课堂、慕课、微课、混合式教学等层出不穷，加之 5G 技术、虚拟仿真技术、大数据、人工智能、物联网技术等基于互联网的

① 参见王作冰：《人工智能时代的教育革命》，北京联合出版公司，2017 年，第 9 页。

教学技术和模式正在逐步改变课堂教学和师生关系，不断打破和重构教学的时空结构，甚至需要重新理解“什么是教育”“什么是学习”“什么是新师范”。基于“互联网+”和新时代的语境，从教师教育者发展的维度，要不断提升教育信息素养，坚持技术与教育教学深度融合的核心理念，让技术赋能，让信息辐射，让资源共享，触碰指尖，就能享受国家优质甚至世界顶尖的教育资源，不断更新教师教育知识，激发教师教育灵感，激励教师教育创新，进而重构教师教育，使之朝着更加智慧、智能的方向发展。

2022 年 3 月，国家高等教育智慧教育平台正式上线，致力于打造一个永远在线的“中国金课堂”，实现时时可学、处处可学、人人可学的教育愿景。该平台包括课程、教材、教师教研、研究生教育、课外成长、专题、院士讲堂、慕课西部行等十大板块，是一个德智体美劳“五育”并举、课内和课外教育横向联通、本科研究生纵向贯通的中国国家高等教育智慧平台。其具有五个重要特点：（1）资源种类全、服务类型多、应用规模大；（2）汇聚好大学、好老师、好资源；（3）高效便捷，实现全网好课一站搜索；（4）提供国际化、多语种课程服务；（5）智能管理，实现平台管平台。还在优质资源共享、教师虚拟教研室、慕课领跑等方面都做出了非常好的探索。①

技术赋能，智慧发展。在“互联网+教师教育”的强势话语境遇中，教师教育者要学会充分利用互联网和各项技术无边界、高效率地服务自身发展、服务学生、服务社会。

---

① 参见吴岩：《国际共识 中国创新——准确把握新时代高等教育发展的着力点》，《中国高教研究》，2022 年第 8 期，第 7—10 页。

五、提升高品质意识，完善中国特色教师教育者发展的质量文化体系

质量是永恒主题，是教师教育的生命和灵魂。建设中国特色教师教育体系就是要建设高质量的教师教育，提升高品质意识是中国特色教师教育体系建设的永恒追求。“质量文化是指高等学校在长期教育教学过程中，自觉形成的涉及质量空间的价值观念、规章制度、道德规范、环境意识及传统、习惯等‘软件’的总和。”① 质量文化决定着整个高等教育质量保障体系的价值取向、运行方式、活动效果等，发挥着凝聚力量、激发动力、约束行为、辐射社会等重要功能②，是教师教育质量保障体系的核心与灵魂，建设符合中国特色教师教育者发展的质量文化体系十分紧迫，我们可以从如下方面做起。

首先，树立“质量至上”的教师教育价值观。这是精神层面教师教育质量文化建设的核心内容，也是教师教育质量保障体系建设的基点和指导思想。“质量至上”，意味着将质量作为教师教育工作的第一生命；意味着要追求高素质、专业化、创新型的高质量。打造高品质的教师教育，才能为建设教育强国输送高品质教师人才，满足国家战略发展的需要、教育发展的需要以及广大师生高素质发展的需要。

其次，树立“协同联动”的教师教育质量行动观。教师教育质量建设非一日之功，也非一己之力可以完成，需要教师教育系统内外协同联动，需要物质文化建设、制度文化建设、精神文化建设、行为文化建设等多层面协同发展，需要完善的教师教育评估和保障政策、法

① 刘德仿：《论高校质量文化之构建》，《学海》，2000 年第 5 期，第 172—175 页。

② 参见邬智，王德林：《加强质量文化建设 完善高等教育质量保障体系》，《华南理工大学学报（社会科学版）》，2010 年第 2 期，第 80—82 页。

律法规体系保驾护航，明确不同保障和评估主体权限、职责和活动方式，并获得广泛认可和接受。2017 年 10 月，《普通高等学校师范类专业认证实施办法（暂行）》拉开新时期大力提升我国教师教育质量的序幕。在“学生中心、产出导向、持续改进”理念的指引下，该办法激励教师教育专业和相应各方有效协同，形成“评价—反馈—改进”闭环，建立“标准—执行—认证—反馈—改进—认证”的循环体系，引发了教师教育质量文化的重大变革，为教师教育者发展提供了充分物质保障和精神动力，也为高质量师范专业建设发展指明了道路。

最后，树立“合作共生”的教师教育质量文化观。教师教育质量文化的核心是指向教师高质量、终身专业成长，体现为高校教师教育、基础教育、教育主管部门和社会相关方面文化合作共生。这种“合作共生”体现以促进教师专业成长为纽带，高校、中小学、地方政府、社会等各方文化力量融合共生，责任共担、利益共享、资源共建，凝聚巨大合力，营造人人关心质量、人人维护质量、人人创造质量的环境与氛围，这需要建立相应的对话协商机制予以保证，并在高校和中小学这两大教师教育实施主体中增进高校和中小学的质量文化视域融合，加强对话交流，实现理论和实践互联互通。同时，在高校内部，大学教师教育者作为教师教育共同体中的主体，也要打破个人主义文化，增进与同行、学生等的交流与合作，尤其鼓励不同学科专业背景教师教育者间的对话与合作，创新多样化对话与交流合作形式与路径。总之，树立“合作共生”的教师教育质量文化观意味着责任与权利一体、理论与实践交融、外铄与内发协和、主体与主体互动、同行与同行竞进①，最终共同提高教师教育质量。

---

①　参见洪早清：《教师教育者：从散在到共生》，《教师教育学报》，2016 年第 5 期，第 6—12 页。

结语：开启教师教育的新视域

行将搁笔之际，掩卷而思，突感不能承受的责任之重，再次体验到了米尔斯所言的“个人困扰和共同问题必须协同解决”的深刻认识。写作之初，笔者意在对高质量和新时代背景下教师教育者群体及其发展做以探索，但在写作过程中我逐渐发现，问题远没有我想象的这样简单。

教师教育者群体庞大，来源复杂，在身份意识、身份认同、角色职能等方面存在诸多主观和客观上的问题，在发展方面有着区别于普通教师发展的独有特点，需要区别对待，深入探究。而自我研究作为教师教育者一个重要的发展方式，其意义不仅在于帮助教师教育者认识和了解自我，加强自我与他人、理论和实践、教学和研究之间的沟通和发展，其更深层的意义还在于：它开启了教师教育的新视域，即教师教育者通过对自身教学实践的研究，重新认识教师教育，并进而通过自身的观念和行为变化推动教师教育领域的改革与发展。而这纵使我力量再大，也是难以企及的。只能以己之力，先开启问题，然后寄希望于细心的读者、广大的教师教育者以及睿智的教师教育专家把问题研究引向深入。

一、探索新型教师教育的理论和实践

教学是一项复杂的活动，师范教学更是如此。在师范教学中，教师教育者不是简单的知识“搬运工”，学生也不是被动的知识“容纳器”。教学双方的活动是一项复杂的“反思性实践”，教师教育者是持续发展的反思性实践者；学生是具有灵动思维和认识的主体，是理解和反馈教学实践的“镜子”。在这些鲜活的教学实践中，蕴含着教师教育者们丰富的内隐知识和实践理论，这是完整教师教育理论体系中必不可少的内容。而长期以来，教师教育研究中却缺少对它们的系统研究，即使是这些实践知识的建构者——教师教育者们也未能充分重视它们的价值，只是近些年才有所改观。

教师教育理论与实践的发展，离不开教师教育者对自身教学实践的不断质疑、反思和改进，并在此过程中培养学生的反思意识和理解能力。但是过分关注实践知识，则又容易忽视理论知识。所以，完整的教师教育理论体系需要实践理性和理论理性的共同支撑，既要重视教师教育实践的研究，也要重视教师教育理论的建构。伴随教师教育大学化、专业化等时代大潮，我国教师教育在培养目标、教师教育课程、教师教育教学组织形式和教学方法、教师教育的组织机构、教师教育师资、教师教育改革与发展等方面都要做以深入思考。

首先，在教师教育的培养目标上，应突出强调学生作为未来教师的职业洞察力、策略理解力、批判思维力、判断决策力及理论联系实际的能力培养。因此，在教师培养过程中，“不仅要‘给予’未来教师或在职教师所缺乏的一定的教育理论知识、技能、态度或信念，而且更要‘揭示’‘分析’和‘发展’他们已有内隐的教育知识、技能、态度或信念”①；在教育见习和实习过程中，要重视将发展学生的教学判断力与提高教学技能相结合。

其次，在教师教育课程设置上，课程的合理性、多样性、选择性、前沿性等如何提升？如何进一步增强实践课程的作用，充分发挥教育见习、教育实习、教育研习的功能？同时后疫情时代和师范类专业认证时代对教师教育课程的影响如何彰显？在教师师德养成教育方面，是否应该考虑过去师范院校中独具的育人氛围与师范精神的熏陶……

再次，在教师教育教学组织形式和教学方法上，应改变过去传统的理论“讲授式”教学模式包打天下的局面，深入开展小班教学、研讨教学、情景教学、体验式教学、案例教学、实践教学等。在教学模式转型的过程中，应充分考虑保障教学顺利开展的相关问题，比如，过去师范院校都有附属小学可供学生见习、实习，而现在很多院校不具备这个条件，只靠教师教育者个人的力量联系教学实践基地显然存在不足。如何充分利用校内教师教育实训基地、微格实验室，如何进一步加强大学、地方政府、教研机构中小学、社区（U-G-I-S-C）等合作，如何实现更大程度的教师教育资源整合和共享？如何让技术融合赋能教师教育，助力创建学习型社区、学习型社会……

最后，在教师教育改革方面，应协调全局与局部、长远与当下、群体与个人之间的关系。从改革目标上，既有宏观的长远教师教育发展规划，也有针对不同情境下切实可行的具体目标；从改革人员构成上，教师教育者是改革的主体，也包含非教师教育者、教育管理者、政策制定者、社会各界人士等；从改革机构上，不仅包含大学教师教

---

① 石中英：《缄默知识与教学改革》，《北京师范大学学报（人文社会科学版）》，2001年第3期，第101—108页。

育机构，还有中小学等相关机构；从改革内容上，不仅涉及显性的教师教育制度、课程、方法、评价、管理与组织、教师教育学科建设、教师教育者教授席位设立、教师教育者专业标准制定等，还有隐性的校园或大学的环境文化、质量文化等变革。需要指出的是，教师教育改革中，必须倾听教师教育者的声音，对制定政策和实践的建议，不论院校的类型为何，都要提供均衡的工作量（balanced workload）、专门的研究时间（dedicated research time）和制度支持（institutional support），并认识到教师教育者在不同阶段的特殊需要。① 缺少了教师教育者们的参与，教师教育改革必定以失败告终。

二、教师教育者要成为“自主发展的双师型教育者”

叶澜教授曾说：“教育是一个使教育者和受教育者都变得更完善的职业，而且，只有当教育者自觉地完善自己时，才能更有利于学生的完善与发展。”② 高质量教育发展背景下的教师教育者成长更彰显这种不懈自主进取、持之以恒的精神，它更需要教师教育者自身的觉醒和努力。虽然，教师教育者成长的路径多样，但如前文已述，自我研究在促进教师教育者自我专业发展和重建教师教育方面已展现巨大潜能，在我国建设教育强国的道路上更能发挥重要作用。因此，我们倡导广大教师教育者将自我研究作为一种态度、一种品质和生活方式，使自己不断朝“自主发展的双师型教育者”方向努力。“自主发展的双师型教育者”指善于主动积极地寻求发展力量，使个体或群体成为兼具较高理论素养和实践素养的教师教育者，是跨越基础教育与大学

① 转引自岳建军：《教师教育者共同体构建研究》，中国社会科学出版社，2021年，第61页。

② 叶澜等：《教师角色与教师发展新探》，教育科学出版社，2001年，第3页。

教育的高水平两栖型教师教育者，这将大大有力推进教师教育者专业化进程。

（一）教师教育者将自我研究作为一种态度、品质和生活方式

首先，将自我研究作为一种态度。将自我研究作为一种态度是指教师教育者要以研究的态度理性对待教育教学实践，重视经验，在教学中研究，在研究中教学，“教师在解决教育教学问题的过程中，不能仅仅依靠本能、直觉、传统、权威，也不能生搬硬套现成的理论，更不能仅靠自己或他人以往的经验，而是应该借助理性的思维和科学的方法，力求将自己的教学行为建立在缜密的、逻辑推理的基础之上。这样的教学行为是自觉的、理性的，充分体现了教师的主体意识和创造力”①。教师教育者要改变机械、随意的教学行为，使其教学体现“厚度”。

其次，将自我研究作为一种品质。自我研究作为一种品质体现为实事求是、谦虚谨慎、戒骄戒躁、批评与自我批评、言行一致、超越创新，甚至达至“慎独”境界。自我研究使教师教育者时刻以敏锐、新特的视角，系统、真实、公开地研究自己的教学行为、教学决策和教学现象，充分与学生、同事合作交流，从经验中学习，挖掘独具特色的实践理论，履行自己作为教师、教师教育者和研究者多重身份的职能，并为师范生做出榜样示范，在不断对自身教学实践的反思与改进中实现专业发展，并久而久之形成一种自觉地反应式的行动，成为自身发展的主人。自我研究让教师教育者不做“说的巨人，行动的矮子”。

最后，将自我研究作为一种生活方式。自我研究作为一种生活方

---

① 申玉亮：《教学反思与行动研究：教师发展之路》，北京师范大学出版社，2006年，第48页。

式，是指将研究融入生活，将事业融入生活，倡导教师教育者体验当下的、充满灵性的、时有“巅峰”体验和彰显生命自觉的生活，这种生活是他们个人生活与专业生活的统一。体验当下，就是感受当前生活的乐趣和幸福，而不是指向虚无缥缈的未来；充满灵性，就是这种生活是灵动的、自由的，充满神奇；时有“巅峰体验”①，是指教师教育者在进入自我实现和超越自我状态时所感受到的一种非常豁达和极乐的瞬时体验；生命自觉是指教师教育者能够“正确地认识自我，愉悦地接纳自我，恰当地控制自我，主动地设计自我，能动地完善自我，把握自身生命发展的主动权，与学生一起健康成长，实现个体的生命价值和职业价值的内在统一”②。

（二）教师教育者努力成长为“自主发展的双师型教育者”

教师教育者要能够适应学习化社会需求和教师专业化发展需要，在立足实践和对话合作的基础上满怀激情地谋求自身的可持续发展，争做“自主发展的双师型教育者”。这一角色具有如下特征：立足当下，关注现实，体现当下性；自我定向，重视他人，体现合作性；关注实践，提升理论，体现实践性；感情丰富，敬业乐群，彰显感情性；锐意进取，创新改革，体现创新性；持续研究，不懈学习，体现建构性；更主要的是，强于理论，长于实践，体现双栖性。虽然，教师教育者们可能难以同时达至上述条件，但这丝毫不妨碍我们将其作为自身发展的“目标追求”。

这种目标追求对于教师教育者具有重大意义。一是它可以促进教

① 马斯洛在研究自我实现的人时，将这种人“感受到处于最佳状态的时刻，感到敬畏、强烈的幸福、狂喜、完美或欣慰的时刻而体验到的犹如站在‘高山之巅’的感觉称之为‘高峰体验’”。它是一种个体以前从未体验过的兴奋与欢愉，虽然短暂，但尤为深刻。

② 钱丽君：《关注教师的生命自觉》，《中小学心理健康教育》，2006 年第 1 期，第 18—20 页。

师教育者的观念转变，不断实现“五重建”和“四统一”。“五重建”指重建对教师教育的认识、重建对师范教学的认识、重建对自身角色的认识、重建对师范生的认识和重建发展的意蕴“四统一”指理论与实践相统一、教学与研究相统一、个人生活与专业发展相统一、个体价值与社会价值相统一。二是教师教育者通过言传身教，潜移默化地影响未来教师对教师职业的认识，从而实现“教师职业—教师专业—教育事业”的认识转变，不仅把“教师”当作一种职业，安身立命，养家糊口，还要把“教师”当作一种专业，不断地研究专业、提升专业，彰显专业，形成专业意识和专业能力；更要把“教师”当作一种事业，满怀激情地终身为之奋斗，使其成为自己完满生命中的一部分，这样的教师生活一定是幸福完满的。正如一位特级教师所言：“对于幸福的教师来说，教育不是牺牲而是享受；不是重复而是创造；不是谋生手段，而是生活本身！教师一旦真正实现了从‘他律’到‘自律’的转变，那么他就会用智慧开启思维，用创造开拓未来，他就会在付出青春韶华，付出苦汗热血的同时，收获桃李芬芳，收获自我实现，从而享受幸福人生。”①

高质量教育发展背景下中国特色教师教育体系建设任重道远，中国特色教师教育者的一体化发展道阻且长。无论如何，我们要积极响应习近平总书记号召，“各级党委和政府要满腔热情关心教师（教育者），让广大教师（教育者）安心从教、热心从教、舒心从教、静心从教，让广大教师（教育者）在岗位上有幸福感、事业上有成就感、社会上有荣誉感，让教师（教师教育者）成为让人羡慕的职业”②。

① 周赞梅：《专家教师研究》，知识产权出版社，2006年，第97页。

② 2016年9月9日，习近平总书记在北京八一学校考察时的讲话。本书编写组：《习近平总书记教育重要论述讲义》，高等教育出版社，2020年，第222页。

参考文献

一、学术著作类

[1] 刘径言. 教师教育者的身份研究 [M]. 北京：中国社会科学出版社，2022.

[2] 戴立益. 教师教育创新与师范专业认证 [M]. 上海：华东师范大学出版社，2020.

[3] 李政涛. 后疫情时代，基础教育向何处去？[M]. 上海：上海教育出版社，2021.

[4] 岳建军. 教师教育者共同体构建研究——基于地方综合性大学的考察 [M]. 北京：中国社会科学出版社，2021.

[5] 本书编写组. 习近平总书记教育重要论述讲义 [M]. 北京：高等教育出版社，2020.

[6] 朱益明，王瑞德. 中国教育现代化 2035：从规划到实践 [M]. 上海：上海教育出版社，2020.

[7] 朱旭东. 中国教师教育体系研究 [M]. 北京：北京师范大学出版社，2020.

[8] 朱旭东，胡艳. 中国教育改革开放 40 年——教师教育卷 [M]. 北京：北京师范大学出版社，2019.
[9] 罗丽君. 荷兰教师教育者专业标准研究 [M]. 北京：科学出版社，2018.
[10] [美] 玛丽莲·科克伦·史密斯，等. 教师教育研究手册：变革世界中的永恒问题（第三版）[M]，范国睿等译. 上海：华东师范大学出版社，2017.
[11] 余文森. 核心素养导向的课堂教学 [M]. 上海：上海教育出版社，2017.
[12] 李芒. 互联网+教育 [M]. 北京：电子工业出版社，2017.
[13] 王作冰. 人工智能时代的教育革命 [M]. 北京：北京联合出版公司，2017.
[14] 郑丹丹. 教师教育者及其专业标准的国际比较研究 [M]. 杭州：浙江大学出版社，2015.
[15] 习近平. 做党和人民满意的好老师：同北京师范大学师生代表座谈时的讲话 [M]. 北京：人民出版社，2014.
[16] 帕克·帕尔默，等. 教学勇气：漫步教师心灵（十周年纪念版）[M]. 吴国珍译. 上海：华东师范大学出版社，2014.
[17] [加] 迈克尔·富兰. 变革的挑战：学校改进路径与策略 [M]. 叶颖译. 北京：北京大学出版社，2013.
[18] 李琼. 教师专业发展的知识基础：教学专长研究 [M]. 北京：北京师范大学出版社，2009.
[19] [美] 琳达·哈蒙德. 有力的教师教育：来自杰出项目的经验 [M]. 鞠玉翠译. 上海：华东师范大学出版社，2009.
[20] 朱旭东，胡艳主编. 中国教育改革 30 年：教师教育卷 [M]. 北

京：北京师范大学出版社，2009.
[21] 周钧. 美国教师教育认可标准的变革与发展——全美教师教育认可委员会案例研究 [M]. 北京：北京师范大学出版社，2009.
[22] 叶澜. "新基础教育"成型性研究报告集 [C]. 桂林：广西师范大学出版社，2009.
[23] 梅新林. 聚焦中国教师教育 [M]. 北京：中国社会科学出版社，2008.
[24] D. 简·克兰迪宁，F. 迈克尔·康纳利. 叙事探究：质的研究中的经验和故事 [M]. 张园译. 北京：北京大学出版社，2008.
[25] 梅新林. 中国教师教育 30 年 [M]. 北京：中国社会科学出版社，2008.
[26] 唐纳德·A. 舍恩. 培养反映的实践者：专业领域中关于教与学的一项全新设计 [M]. 郝彩虹译. 北京：教育科学出版社，2008.
[27] [美] 罗伯特·波格丹，萨莉·诺普·比克伦. 教育研究方法（第四版）[M]. 钟周译. 北京：中国人民大学出版社，2008.
[28] 张艳辉. 课程与教学视野中的大学教师研究 [M]. 北京：中国社会科学出版社，2008.
[29] 谌启标. 教师教育大学化的国际比较研究 [M]. 福州：福建教育出版社，2008.
[30] 李喆. 地方高等师范院校的转型与发展 [M]. 北京：中国社会科学出版社，2008.
[31] 诺曼·K. 邓津，伊冯娜·S. 林肯. 定性研究：策略与艺术 [M]. 风笑天译. 重庆：重庆大学出版社，2007.
[32] 唐纳德·舍恩. 反映的实践者：专业工作者如何在行动中思考

[M]. 夏林清译. 北京：教育科学出版社，2007.
[33] 石中英. 教育哲学 [M]. 北京：北京师范大学出版社，2007.
[34] 诺曼·K. 邓津，伊冯娜·S. 林肯. 定性研究：方法论基础 [M]. 风笑天译. 重庆：重庆大学出版社，2007
[35] 周赞梅，专家教师研究 [M]. 北京：知识产权出版社，2006.
[36] 申玉亮. 教学反思与行动研究 [M]. 北京：北京师范大学出版社，2006.
[37] 埃伦·康德利夫·拉格曼. 一门捉摸不定的科学：困扰不断的教育研究的历史 [M]. 花海燕译. 北京：教育科学出版社，2006.
[38] 亚里士多德. 尼各马可伦理学 [M]. 廖申白译著. 北京：商务印书馆，2006.
[39] 霍姆斯. 教师的幸福感：关注教师的身心健康及职业发展 [M]. 闫慧敏译，北京：中国轻工业出版社，2006.
[40] 杜威. 我们怎样思维：经验与教育 [M]. 姜文闵译. 北京：人民教育出版社，2005.
[41] 詹姆斯·麦克南. 课程行动研究 [M]. 朱细文译. 北京：北京师范大学出版社，2004.
[42] 叶澜. 教师角色与教师发展新探 [M]. 北京：教育科学出版社，2004.
[43] 陈桂生. 到中小学去研究教育 [M]. 上海：华东师范大学出版社，2003.
[44] 范良火. 教师教学知识发展研究 [M]. 上海：华东师范大学出版社，2003.
[45] 教育部师范教育司. 教师专业化的理论与实践 [M]. 北京：人

民教育出版社，2003.
[46] 马啸风. 中国师范教育史 [M]. 北京：首都师范大学出版社，2003.
[47] 威廉·派纳，等. 理解课程 [M]，张华译. 北京：教育科学出版社，2003.
[48] 全国十二所重点师范大学. 教育学基础 [M]. 北京：教育科学出版社，2002.
[49] 李其龙，陈永明. 教师教育课程的国际比较 [M]. 北京：教育科学出版社，2002.
[50] 刘捷，谢维和. 栅栏内外：中国高等师范教育百年省思 [M]. 北京：北京师范大学出版社，2002.
[51] 迈克尔·富兰. 变革的力量：透视教育改革 [M]. 中央教育科学研究所、加拿大多伦多国际学院编译. 北京：教育科学出版社，2000.
[52] 陈向明. 质的研究方法与社会科学研究 [M]. 北京：教育科学出版社，2000.
[53] 熊川武. 反思性教学 [M]. 上海：华东师范大学出版社，1999.
[54] 中国陶行知研究会. 爱满天下：陶行知名言警语 [M]. 北京：同心出版社，1999.
[55] 张燕镜. 师范教育学 [M]. 福州：福建教育出版社，1995.
[56] 国家教育发展研究中心. 发达国家教育改革的动向和趋势（第二集）[M]. 北京：人民教育出版社，1994.

二、期刊论文、报纸类

[1] 吴岩. 国际共识中国创新——准确把握新时代高等教育发展的着

力点 [J]. 中国高教研究，2022 (8)：7—10+23.
[2] 檀传宝. 发展范式转型的意味——论“2019 年以后”的中国与中国教育应有的变革 [J]. 中国教育学刊，2022 (08)：64—69.
[3] 邬志辉，范国睿，李立国，等. 教育高质量发展笔谈 [J]. 清华大学教育研究，2022，43 (02)：24—39.
[4] 褚宏启. “双减”要与教育高质量发展同向同行 [J]. 中小学管理，2022 (01)：61—62.
[5] 刘建银，杨皓宇. 我国教师教育学院的组织生成与变革：基于 52 所大学的分析 [J]. 当代教育论坛，2021 (04)：79—86.
[6] 洪早清. 师范教育高品质发展：可能与可行——基于师范专业认证施行的省察 [J]. 教师发展研究，2021，5 (01)：73—81.
[7] 赵英. 论中国特色教师教育体系的应然图景 [J]. 教师教育学报，2021，8 (03)：40—47.
[8] 马笑岩，高彩芬. 实践共同体：教师教育者与中小学教师互惠发展实现路径研究 [J]. 教育导刊，2021 (09)：82—87.
[9] 高宝立. 服务新发展格局建设高质量教育体系 [J]. 中国人民大学教育学刊，2021 (02)：8—13.
[10] 李芳，闫建璋. 高校教师教育者身份认同探析 [J]. 高教论坛，2021 (10)：97—102.
[11] 龙宝新，陈晓端. 跨界人：教师教育者的身份定位及其关键素养 [J]. 河南师范大学学报（哲学社会科学版），2020，47 (06)：145—152.
[12] 赵国祥. 师范院校也应启动“双一流”建设 [N]. 2020-05-23.
[13] 王竹立. 后疫情时代，教育应如何转型？ [J]. 电化教育研究，2020，41 (04)：13—20.

[14] 刘径言. 教师教育者的身份遮蔽、认同与建构研究 [J]. 教育科学研究，2020 (04)：93—96.

[15] 杨跃，匡曼玉. 论教师教育者的核心专业素养及其培育 [J]. 现代教育管理，2020 (01)：85—91.

[16] 王鉴. 跨界的能动者：教师教育者专业成长路径探析 [J]. 中国教育学刊，2019 (07)：84—90.

[17] 郑一，董玉琦. 西方实践型教师教育者专业自我建构及其影响因素 [J]. 外国教育研究，2019，46 (06)：117—128.

[18] 朱旭东，赵英. 再论教师教育学科建设 [J]. 教师发展研究，2019，3：(1).

[19] 朱旭东，赵英. “双一流”建设逻辑中师范院校的教师教育学科建设 [J]. 教育发展研究，2018，38 (9)：7—14.

[20] 赵英，李丹阳. 论高校教师教育者的四维能力结构 [J]. 当代教师教育，2018，11 (02)：41—46.

[21] 赵英，黄娟. 论高校教师教育者的三维角色及其能力结构 [J]. 教育学术月刊，2018 (04)：77—85.

[22] 李静郧. 对我国教师教育者身份认同研究现状的述评——基于Gee的身份理论 [J]. 当代教育科学，2017 (07)：28—31.

[23] 姜微微. 我国现代教师教育体系标准化构建初探 [J]. 继续教育研究，2017 (04)：99—101.

[24] 孟繁华. 以新发展理念引领教师教育改革创新 [J]. 教育研究，2017，38 (11)：15—17.

[25] 刘鹂. 教师教育者教学能力探析 [J]. 陕西师范大学学报（哲学社会科学版），2016，45 (01)：158—164.

[26] 王琼. 教师教育需供给侧结构性改革 [N]. 中国教育报，2016-

9-12.
[27] 洪早清. 教师教育者：从散在到共生 [J]. 教师教育学报，2016，3 (05)：6—12.
[28] 李芒，李岩. 教师教育者五大角色探析 [J]. 教师教育研究，2016，28 (04)：14—19.
[29] 王思蓉. 教师教育者专业发展的新探究——专业标准引发的专业发展 [J]. 青年文学家，2013 (10)：80.
[30] 张增田，赵庆来. 教师教育共同体：内涵、意蕴与策略 [J]. 首都师范大学学报（社会科学版），2012 (06)：132—135.
[31] 康晓伟. 教师教育者：内涵、身份认同及其角色研究 [J]. 教师教育研究，2012，24 (01)：13—17.
[32] 李学农. 论教师教育者的专业发展 [J]. 教育发展研究，2012，32 (12)：53—57.
[33] 郑爽，胡凤阳，张立满. 论教师教育者及其专业发展 [J]. 石家庄学院学报，2012，14 (02)：93—97.
[34] 王加强. 教师教育者的多元角色分析——基于教师专业发展视角 [J]. 当代教育科学，2011 (23)：45—49.
[35] 邬智，王德林. 加强质量文化建设　完善高等教育质量保障体系 [J]. 华南理工大学学报（社会科学版），2010，12 (02)：80—82.
[36] 李玲，扶斌. 高师院校教师教育者师范性的追问 [J]. 学园，2010 (03)：80—84.
[37] 李玲，邓晓君. 荷兰教师教育工作者专业标准研究 [J]. 西南大学学报（社会科学版），2010 (01)：67—70.
[38] 杨玉东. 教师教育者应行走在理论与实践断层之间 [N]. 中国

教育报，2010-2-5（5）.

[39] 龙宝新. 对当前我国教师教育中存在的“钟摆”倾向的反省[J]. 教师教育研究，2009（01）：1—5.

[40] 孙自挥，高晓芙，朱海英，等. 教师教育者的学科教学知识研究[J]. 中国教师，2009（03）：39—41.

[41] 孙传远. 教师教育学学科身份判断[J]. 现代教育论丛，2009（01）：71—75.

[42] 管培俊. 我国教师教育改革开放三十年的历程、成就与基本经验[J]. 中国高教研究，2009（02）：3—11.

[43] 叶澜. 留在生命深处的历史印痕——中华人民共和国教育60年琐忆杂谈[J]. 人民教育，2009（18）：10—12.

[44] 王立科. 我国教师教育政策发展三十年回顾与展望[J]. 国家教育行政学院学报，2009（01）：30—35.

[45] 周成海. 教师的教学专业成长历程：一项自我研究[J]. 教师教育研究，2009（04）：44—48.

[46] 李学农. 论教师教育者[J]. 当代教师教育，2008（01）：47—50.

[47] 昌晓莉. 教学学术：高校提升教学质量的突破口[J]. 中国教师，2008（21）：25—28.

[48] 冯喜英. 高等师范院校学生问题意识状况的调查与思考[J]. 教学研究，2008（02）：122—125.

[49] 尹弘飚，操太圣. 课程改革中教师的身份认同——制度变迁与自我重构[J]. 教育发展研究，2008（02）：35—40.

[50] 陈振隆，谌启标. 美国教师教育质量认证组织（TEAC）及其影响述评[J]. 外国中小学教育，2008（09）：18—23.

[51] 于书娟. 试论杜威的教师教育思想 [J]. 教师教育研究，2007 (6).
[52] 杨秀玉，孙启林. 教师的教师：西方的教师教育者研究 [J]. 外国教育研究，2007 (10)：6—11.
[53] 杨天平. 加强教师教育学科建设的几点思考 [N]. 光明日报，2007-3-15.
[54] 俞吾金. 如何理解“问题意识” [N]. 长江日报，2007-6-28 (12).
[55] 朱旭东，周钧. 论我国教师教育学科制度建设——教师教育大学化的必然选择 [J]. 教师教育研究，2007 (1)：6—11.
[56] 杨跃. 关于教师教育学科构建的理性思考 [J]. 教师教育研究，2007 (01)：1—5.
[57] 陈林，蔡伟仁. 从美国教师专业化看我国教师教育管理体制改革的出路 [J]. 高校教育管理，2007 (03)：54—58.
[58] 顾明远. 我国教师教育改革的反思 [J]. 教师教育研究，2006 (06)：3—6.
[59] 钱丽君. 关注教师的生命自觉 [J]. 中小学心理健康教育，2006 (01).
[60] 朱旭东. 专业化视野中大学化教师教育的十大观点 [J]. 教师教育研究，2005 (01)：3—9.
[61] 李学农. 师范大学综合化与教师教育专业化 [J]. 江苏高教，2005 (02)：76—78.
[62] 王端庆. 教师教育改革的新视野 [J]. 辽宁教育研究，2005 (04)：8—10.
[63] 朱旭东. 如何理解教师教育大学化 [J]. 比较教育研究，2004

(01)：1—7.

[64] 石鸥. 一个时代正在结束——试论独立建制的师范院校的终结[J]. 高等师范教育研究，2003 (05)：19—24.

[65] 陈幺元. 从教师专业化之趋势反思高师教育的师范性 [J]. 黑龙江高教研究，2003 (4)：23—26.

[66] 顾明远. 师范教育的传统与变迁 [J]. 高等师范教育研究，2003 (03)：1—6.

[67] 石鸥. 一个时代正在结束——试论独立建制的师范院校的终结[J]. 高等师范教育研究，2003 (05)：19—24.

[68] 余桂红. 论师生关系的疏离与大学生主体性 [J]. 云南教育，2003 (06)：43—46.

[69] 朱旭东. 应当实施教师教育大学化战略 [J]. 中国高等教育，2002 (19)：18—19.

[70] 石中英. 缄默知识与教学改革 [J]. 北京师范大学学报（人文社会科学版），2001 (03)：101—108.

[71] 朱旭东. 国外教师教育的专业化和认可制度 [J]. 比较教育研究，2001 (03)：6—12.

[72] 袁振国. 问题与答案　哪一个更重要？——新世纪基础教育改革的微观思考之一 [J]. 人民教育，2001 (04)：7—9.

[73] 刘德仿. 论高校质量文化之构建 [J]. 学海，2000 (05)：172—175.

[74] 呼中陶，刘捷. 建国 50 年高校教师队伍建设的回顾与思考 [J]. 北京师范大学学报，1999 (06)：53—58.

[75] 高慎英. 教师成为研究者——教师专业化问题探讨 [J]. 教育理论与实践，1998 (03)：32—35.

[76] 叶澜. 让课堂焕发出生命活力——论中小学教学改革的深化 [J]. 教育研究，1997 (09)：3—8.

[77] 朱洪发. 高师院校的办学方向应紧紧围绕"师范性" [J]. 山东师范大学学报（社会科学版），1996 (03)：64—66.

[78] 谢安邦. 论师范教育的特性 [J]. 高等师范教育研究，1994 (2)：16—24.

三、学位论文

[1] 赵喻杰. 从教育者到教师教育者——论高校师范专业教师的入职适应 [D]. 成都：四川师范大学，2017.

[2] 王芳. 新疆教师教育者跨文化敏感度研究 [D]. 乌鲁木齐：新疆师范大学，2016.

[3] 吴振利. 美国大学教师教学发展研究 [D]. 长春：东北师范大学，2010.

[4] 孙宽宁. 教师课程理解中的自我关怀 [D]. 济南：山东师范大学，2009.

[5] 刘静焱. "自我研究"——教师教育者的发展方式研究 [D]. 长春：东北师范大学，2009.

[6] 王健. 我国教师教育学的逻辑起点研究及学科体系构建 [D]. 上海：华东师范大学，2009.

[7] 朱桂琴. 教师的实践性格 [D]. 武汉：华中师范大学，2009.

[8] 鲍同梅. 教师自主：一种审视教师发展的视角 [D]. 上海：华东师范大学，2008.

[9] 杨慧囡. 教师自我教育研究 [D]. 济南：山东师范大学，2008.

[10] 王艳玲. 培养"反思性实践者"的教师教育课程 [D]. 上海：

华东师范大学，2008.
[11] 罗瑞. 专家型教师自主发展的研究 [D]. 长春：吉林大学，2007.
[12] 吴卫东. 教师个人知识研究 [D]. 上海：华东师范大学，2007.
[13] 罗儒国. 教师教学生活研究 [D]. 兰州：西北师范大学，2007.
[14] 王春光. 反思型教师教育研究 [D]. 长春：东北师范大学，2007.
[15] 陈雨亭. 教师研究中的自传研究方法：对威廉·派纳“存在体验课程”的研究 [D]. 上海：华东师范大学，2006.
[16] 周福盛. 教师个体知识的构成及发展研究 [D]. 西北师范大学，2006.
[17] 姜美玲. 教师实践性知识研究 [D]. 上海：华东师范大学，2006.
[18] 刘冬岩. 实践智慧：一种可能的教学价值 [D]. 上海：南京师范大学，2006.
[19] 程亮. 教育学的“实践”关怀 [D]. 上海：华东师范大学，2006.
[20] 林德全. 论教育叙事 [D]. 上海：华东师范大学，2005.
[21] 岳欣云. 教师研究的反思与再探究 [D]. 上海：华东师范大学，2005.
[22] 鞠玉翠. 教师个人实践理论的叙事探究 [D]. 上海：华东师范大学，2003.
[23] 陈振华. 论教师成为教育知识的建构者 [D]. 上海：华东师范大学，2003.
[24] 金美福. 教师自主发展论 [D]. 长春：东北师范大学，2003.

[25] 刘良华. 行动研究的史与思 [D]. 上海：华东师范大学，2001.
[26] 郭良菁. 迈向养成自主探究与反思的实践者的教师教育 [D]. 上海：华东师范大学，1999.

四、英文著作

[1] LEAH S，SMADAR B T. Exploring Professional Development Opportunities for Teacher Educators：Promoting Faculty-Student Partnerships[M]. London ：Taylor and Francis，2021.
[2] LUNENBERG M，DENGERINK J，KORTHAGEN F. The Professional Teacher Educator：Roles，Behavior and Professional Development of Teacher Educators [M]. Boston：Sense Publishers，2014.
[3] CROWE A R. Advancing Social Studies Education through Self-Study Methodology：The Power，Promise and Use of Self-Study in Social Studies Education[M]. New York：Springer，2010.
[4] LUNENBERG M. Characteristics，Scholarship and Research of Teacher Educators//Peterson P，Baker E，McGaw B. International Encyclopedia of Education （Third Edition） [M]. Oxford：Elsevier，2010.
[5] BATES T. The Professional Development of Teacher Educators [M]. London：Routledge，2010.
[6] LYONS N. Handbook of Reflection and Reflective Practice：Mapping a Way of Knowing for Professional Reflective Inquiry [M]. New York：Springer，2010.
[7] FITZGERALD L，HESTON M，TIDWELL D. Research Methods

for the Self-study of Practice [M]. Dordrecht: Springer Netherlands, 2009.

[8] PINNEGAR S, HAMILTONM L. Self-study of Practice as a Genre of Qualitative Research Theory, Methodology, and Practice [M]. Dordrecht, New York: Springer Netherlands, 2009.

[9] SCHULTE A K. Seeking Integrity in Teacher Education[M]. New York: Springer Netherlands, 2009.

[10] LASSONDE C A, GALMAN S, KOSNIK C. Self-Study Research Methodologies for Teacher Educators [M]. Rotterdam: Sense Publishers, 2009.

[11] SWENNEN A, LINKM. Becoming a Teacher Educator: Theory and Practice for Teacher Educators [M]. Dordrecht: Springer, 2009.

[12] TOWNSEND T, BATES R. Handbook of Teacher Education: Globalization, Standards and Professionalism in Times of Change [M]. Dordrecht: Springer Netherlands. 2009.

[13] BRANDENBURG R. Powerful Pedagogy: Self-Study of a Teacher Educator's Practice[M]. Germany: Springer Netherlands, 2008.

[14] COCHRAN-SMITH M, SHARON FEIMAN-NEMSER, Kelly E, et al. Handbook of Research on Teacher Education: Enduring Questions in Changing Contexts (3rd edition) [M]. London: Routledge, 2008.

[15] Berry A. Tensions in Teaching about Teaching: Understanding Practice as a Teacher Educator. [M]. Dordrecht: Springer, 2008.

[16] KLECKAC L, ODELL S J, HOUSTONW R, et al. Visions for

Teacher Educators: Perspectives on the Association of Teacher Educators' Standards[M]. Rowman & Littlefield Education, 2008.

[17] LOUGHRAN J J. Developing Reflective Practice: Learning about Teaching and Learning through Modelling [M]. London : Washington, D. C. : Taylor & Francis, 2007.

[18] GORDON M, O'BRIEN T V. Bridging Theory and Practice in Teacher Education[M]. Rotterdam/Taipei : Sense Publishers, 2007.

[19] AUBUSSON P, SCHUCK S. Teacher Learning and Development: The Mirror Maze[M]. Dordrecht: Springer, 2006.

[20] LOUGHRAN J J. Developing a Pedagogy of Teacher Education: Understanding Teaching and Learning about Teaching[M]. London; New York: Routledge, 2006.

[21] SAMARAS A P, FREESEA R. Self-study of Teaching Practices Primer[M]. New York: P. Lang, 2006.

[22] KOSNIK C, BECK C, FREESE A, et al. Making a Difference Teacher Education through Self-Study [M]. Dordrecht: Springer Netherlands, 2005.

[23] HOBAN G. The Missing Links in Teacher Education Design[M]. Dordrecht: Springer, 2005.

[24] MITCHELL C, O'REILLY-SCANLON K, WEBER S. Just Who Do We Think We Are? — Methodologies for Self-study in Education[M]. London: Routledge Falmer, 2005.

[25] LOUGHRAN J J. International Handbook of Self-Study of Teaching and Teacher Education Practices[M]. Dordrecht: Kluwer Academic Publishers, 2004.

[26] BRITZMAND P. Practice Makes Practice: A Critical Study of Learning to Teach[M]. Albany; New York: State University of New York Press, 2003.

[27] LOUGHRAN J J. Improving Teacher Education Practice through Self-study[M]. London; New York: Routledge Falmer, 2002.

[28] KORTHAGEN F. Linking Practice and Theory: The Pedagogy of Realistic Teacher Education[M]. Mahwah; New Jersey: Lawrence Erlbaum Associates, 2001.

[29] CHURUKIAN G A, LOCK C. International Narratives on Becoming a Teacher Educator: Pathways to a Profession[M]. New York: Edwin Mellen Press, 2000.

[30] CONNELLY F M, CLANDININ D J. Shaping a Professional Identity: Stories of Educational Practice[M]. New York: Teachers College Press, 1999.

[31] ROTHR A. The Role of the University in the Preparation of Teachers [M]. London: Routledge, 1998.

[32] HAMILTON M. Reconceptualizing Teaching Practice: Self-study in Teacher Education[M]. London: Falmer Press, 1998.

[33] RUSSELL T, LOUGHRAN J J. Teaching about Teaching: Purpose, Passion, and Pedagogy in Teacher Education[M]. London: Falmer Press, 1997.

[34] CALDERHEAD J, SHORROCK S B. Understanding Teacher Education: Case Studies in the Professional Development of Beginning Teachers[M]. London; Washington, D. C.: Falmer Press, 1997.

[35] GADOTTI M, EBRARY I. Pedagogy of Praxis: A Dialectical

Philosophy of Education[M]. Albany: State University of New York Press, 1996.

[36]VAN MANEN M. Knowledge, Reflection on Complexity in Teacher Practice // Lang M, Olson J, Hansen H, Bunder W. Changing Schools, Changing Practices: Perspectives on Educational Reform and Teacher Professionalism[M]. Leuven: Garant, 1999.

[37] THOMASJ B. Handbook of Research on Teacher Education: A Project of the Association of Teacher Educators (2nd edition) [M]. New York: Macmillan Publishing Company. , 1996

[38] MURRAYF B. The Teacher Educator's Handbook: Building a Knowledge Base for the Preparation of Teachers (1st edition) [M]. San Francisco: Jossey-Bass, 1995.

[39] RUSSELL T, KORTHAGEN F. Teachers Who Teach Teachers: Reflections on Teacher Education[M]. London: Falmer Press, 1995.

[40]CALDERHEAD J, GATES P. Conceptualizing Reflection in Teacher Development[M]. London: Falmer Press, 1993.

[41]DUCHARME E R. The Lives of Teacher Educators: In Their Own Worlds[M]. New York: Teachers College Press, 1993.

[42]VALLI L. Reflective Teacher Education: Cases and Critiques[M]. Albany, N. Y. : State University of New York Press, 1992.

[43] LEAVITT H B. Issues and Problems in Teacher Education: An International Handbook[M]. New York: Greenwood Press, 1992.

[44] TABACHNICK B R, ZEICHNERK M. Issues and Practices in inquiry-oriented Teacher Education[M]. London; New York: Falmer, 1991.

[45] HOUSTONW R. Handbook of Research on Teacher Education: A Project of the Association of Teacher Educators [M]. New York: Macmillan Publishing Company, 1990.

[46] GRIMMETTP P, ERICKSONG L. Reflection in Teacher Education [M]. Vancouver; New York: Pacific Education Press; Teachers College Press, 1988.

[47] KATZ L G, RATHS J D. Advances in Teacher Education, Volume [M]. New York: Ablex Publishing, 1984.

[48] SCHWAB J. Science, Curriculum, and Liberal Education: Selected Essays[M]. Westbury I, Wilkof N J. Chicago: University of Chicago Press, 1982.

五、英文期刊论文

[1]DARLING-HAMMOND L, HYLERM E. Preparing Educators for the Time of COVID ... and beyond [J]. Journal of Teacher Education, 2020:43(4):1—9.

[2]DWEYR A O, HALMITON M, BOWLES R. Learning with and from Others: Self-Study of Teacher Education within a Landscape of Practice [J]. Studying Teacher Education, 2020(2):1—21.

[3] COCHRAN-SMITH M, GRUDNOFF L, ORLAND-BARAK L SMITH K. Educating Teacher Educators: International Perspectives [J]. New Educator, 2020(1): 5—24.

[4]MURRAY J, KIDD W, MCMAHON A, et al. Teacher Educators and Expansive Learning in the Workplace and Beyond. Frontiers in Education, 2020, (5):84.

[5] HAMILTON M. Teachers and Teacher Educators Researching Their Practice: A Dually-purposed Self-study[J]. The New Educator, 2019, 15(3): 1—21.

[6] BARRYBAI, HUAN SONG & QIAN ZHANG. Catering for Teachers' Individual Teaching Differences in China: The Case of Forming Reciprocal Coaching Circles Supported by University-based Teacher Educators[J], Journal of Education for Teaching, 2019, 45 (2): 214—218.

[7]IZADINIA M. Teacher Educators' Identity: A Review of Literature[J]. European Journal of Teacher Education, 2014, 4(37):426—441.

[8]GRIERSON A, TESSARO M L, CANTALINI-WILLIAMSM, et al. Exploring the Tensions of Teacher Education through Collaborative Self-study[C]. Presented at the Annual Meeting of the American Educational Research Association (Denver, Colorado, April 30 May 4, 2010).

[9]ZEICHNER K. Rethinking the Connections between Campus Courses and Field Experiences in College and University-Based Teacher Education University-Based Teacher Education[J]. Journal of Teacher Education, 2010, 61(1-2): 89—99.

[10]VAN VELZEN C, VAN DER KLINK M, SWENNEN A, et al. The Induction and Needs of Beginning Teacher Educators[J]. Professional Development in Education, 2010, 36(1—2): 61—75.

[11] MCKEON F, HARRISON J. Developing Pedagogical Practice and Professional Identities of Beginning Teacher Educators[J]. Professional Development in Education, 2010, 36 (1—2): 25—44.

[12]CHETTY R, LUBBEN F. The Scholarship of Research in Teacher

Education in a Higher Education Institution in Transition: Issues of Identity [J]. Teaching and Teacher Education, 2010, 26 (4): 813—820.

[13]LUNENBERG M, ZWART R, KORTHAGEN F. Critical Issues in Supporting Self-Study[J]. Teaching and Teacher Education, 2010, 26 (6): 1280—1289.

[14]BERRY A. Professional Self-Understanding as Expertise in Teaching about Teaching [J]. Teachers and Teaching: Theory and Practice, 2009, 15 (2): 305—318.

[15] SANDRETTO S. Theoretical and Methodological Tensions in a Poststructural Collaborative Self-Study Research Project[J]. Studying Teacher Education, 2009, 5(1): 89—101.

[16]MCGEE A, LAWRENCE A. Teacher Educators Inquiring into Their Own Practice[J]. Professional Development in Education, 2009, 35 (1): 139—157.

[17]BULLOK S. M. Learning to Think like a Teacher Educator: Making the Substantive and Syntactic Structures of Teaching Explicit through Self-Study[J]. Teachers and Teaching: Theory and Practice, 2009, 15 (2): 291—304.

[18]MCGEE A, LAWRENCE A. Teacher Educators Inquiring into Their Own Practice[J]. Professional Development in Education, 2009, 35 (1): 139—157.

[19]TIMMERMAN G. Teacher Educators Modelling Their Teachers ? [J] European Journal of Teacher Education, 2009, 32(3): 225—238.

[20] BULLOCKS M, CHRISTOU T. Exploring the Radical Middle

between Theory and Practice: A collaborative self-study of beginning teacher educators [J]. Studying Teacher Education, 2009, 5 (1): 75—88.

[21] MURRAY J. Teacher Educators' Induction into Higher Education: Work-based Learning in the Micro Communities of Teacher Education [J]. European Journal of Teacher Education, 2008, 31(2):117—133.

[22] LOUGHRAN J J. Researching Teacher Education Practices: Responding to the Challenges, Demands, and Expectations of Self-Study[J]. Journal of Teacher Education, 2007, 58(1): 9.

[23] PITHOUSE K, MITCHELL C, WEBER S. Self-study in Teaching and Teacher Development: A Call to Action[J]. Educational Action Research, 2009, 17(1): 43—62.

[24] FREIDUSH, BAKER C, FELDMANS, et al. Insights into Self-Guided Professional Development: Teachers and Teacher Educators Working Together [J]. Studying Teacher Education, 2009, 5 (2): 183—194.

[25] CRAIGC J. Joseph Schwab, Self-Study of Teaching and Teacher Education Practices Proponent? A Personal Perspective[J]. Teaching and Teacher Education, 2008, 24(8): 1993—2001.

[26] LUNENBERG M, HAMILTON M L. Threading a Golden chain: An Attempt to Find Our Identities as Teacher Educators. Teacher Education Quarterly, 2008, 35: 185—202.

[27] SWENNEN A, VOLMAN M, VANESSEN M. The Development of the Professional Identity of Two Teacher Educators in the Context of Dutch Teacher Education[J]. European Journal of Teacher Education,

2008, 31(2): 169—184
[28]MARTINEZ K. Academic Induction for Teacher Educators[J]. Asia-Pacific Journal of Teacher Education, 2008, 36(1): 35—51.
[29]HAMILTON M L, SMITH L, WORTHINGTON K. Fitting the Methodology with the Research: An Exploration of Narrative, Self-Study and Auto-Ethnography[J]. Studying Teacher Education, 2008, 4(1): 12.
[30]SKERRETT A. Biography, Identity, and Inquiry: The Making of Teacher, Teacher Educator, and Researcher[J]. Studying Teacher Education, 2008, 4(2): 143—156.
[31]SWENNEN A, LUNENBERG M, KORTHAGEN F. Preach What You Teach! Teacher Educators and Congruent Teaching[J]. Teachers and Teaching: Theory and Practice, 2008, 14(5—6): 531—542.
[32]LISTON D, BORKO H, WHITCOMB J. The Teacher Educator's Role in Enhancing Teacher Quality[J]. Journal of Teacher Education, 2008, 59: 111—116.
[33]MURRAY J. Teacher Educators' Induction into Higher Education: Work-Based Learning in the Micro Communities of Teacher Education [J]. European Journal of Teacher Education, 2008, 31(2): 117—133.
[34]KOSTERB, DENGERINK J J. Professional Standards for Teacher Educators: How to Deal with Complexity, Ownership and Function. Experiences from the Netherlands[J]. European Journal of Teacher Education, 2008, 31(2): 135—149.
[35]MURRAY J. Towards the Re-articulation of the Work of Teacher Educators in Higher Education Institutions in England[J]. European

Journal of Teacher Education, 2008, 31(1): 25.

[36] ZEICHNER K. Accumulating Knowledge across Self-Studies in Teacher Education[J]. Journal of Teacher Education, 2007, (58): 36—46.

[37] HOBANG F, BUTLER S, LESSLIEL. Facilitating Self-Study of Professional Development: Researching the Dynamics of Teacher Learning[J]. Studying Teacher Education. 2007, 3(1): 35—51.

[38] LATTA M M, BUCK G. Professional Development Risks and Opportunities Embodied within Self-Study [J]. Studying Teacher Education, 2007, 3(2): 189—205.

[39] SAMMARASA P, ADAMS-LEGGEM, BRESLIN D, et al. Building a Plane While Flying it: Reflections Of Teaching and Learning Self-study [J]. Reflective Practice: International and Multidisciplinary Perspectives, 2007, 8(4): 467—481.

[40] LARSENM A. Self-Study Research In a New School of Education: Moving Between Vulnerability and Community[J]. Studying Teacher Education, 2007, 3 (2): 173—187.

[41] HIEBERT J, MORRISA K, BERKD, et al. Preparing Teachers to Learn from Teaching [J]. Journal of Teacher Education, 2007, 58(1): 47—61.

[42] LUNENBERG M, KORTHAGEN F, SWENNENA. The Teacher Educator as A Role Model[J]. Teaching and Teacher Education, 2007, 23(5): 586—601.

[43] RUSSELL T. How Experience Changed my Values as a Teacher Educator. ISATT, Brock University. http://www.isatt.org/ISATT-

papers/ISATT-papers/Russell—HowExperience ChangedmyValuesasaTeacherEducator. pdf，2007.

[44]RUSSELL T，LOUGHRAN J. Exploring the Disciplined Nature of Self-Study Research in Teacher Education [J]. Studying Teacher Education，2007，3(2)：115—116.

[45]LOUGHRAN J，RUSSELL T. Beginning to Understand Teaching as a Discipline[J]. Studying Teacher Education，2007，3(2)：11.

[46] LOUGHRAN J. Researching Teacher Education Practices：Responding to the Challenges，Demands，and Expectations of Self-Study[J]. Journal of Teacher Education，2007，58(1)：12—20.

[47]ZEICHNER K. Reflections of a University-Based Teacher Educator on the Future of College and University-Based Teacher Education[J]. Journal of Teacher Education，2006，(57)：326—340.

[48]YOGEV S，YOGEV A. Teacher educators as researchers：A Profile of Research in Israeli Teacher Colleges Versus University Departments of Education[J]. Teaching and Teacher Education，2006，22(1)：32—41.

[49] KORTHAGEN F，LOUGHRAN J，LUNENBERG M. Teaching Teachers：Studies Into the Expertise of Teacher Educators：An Introduction to This Theme Issue [J]. Teaching and Teacher Education，2005，21(2)：107—115.

[50]ZEICHNER K. Becoming a Teacher Educator：a Personal Perspective [J]. Teaching and Teacher Education，2005，21(2)：117—124.

[51] KORGHAGEN F，VASALOS A. Levels in Reflection：Core Reflection as a Means to Enhance Professional Growth[J]. Teachers

and Teaching：Theory and Practice，2005，11(1)：47—71.

[52] COCHRAN-SMITH M. Teacher educators as researchers：multiple perspectives[J]. Teaching and Teacher Education，2005，21(2)：219—225.

[53] LOUGHRAN J，BERRY A. Modelling by teacher educators[J]. Teaching and Teacher Education，2005，21(2)：193—203.

[54] KOSTER B，BREKELMANS M，KORTHAGEN F，et al. Quality Requirements for Teacher Educators[J]. Teaching and Teacher Education，2005，21(2)：157—176.

[55] SMITH K. Teacher Educators' Expertise：What Do Novice Teachers and Teacher Educators Say? [J]. Teaching and Teacher Education，2005，21(2)：177—192.

[56] MURRAY J，MALE T. Becoming a Teacher Educator：Evidence from the Field[J]. Teaching and Teacher Education，2005，21(2)：125—142.

[57] DOECKE B. Professional identity and educational reform：confronting my habitual practices as a teacher educator[J]. Teaching and Teacher Education，2004，20(2)：203—215.

[58] ClARKE A，ERICKSON，G. Self-study：The Fifth Commonplaces [J]. Australian Journal of Education，2004，48(2)：182—199.

[59] COCHRAN-SMITH M. Learning and Unlearning：the Education of Teacher Educators[J]. Teaching and Teacher Education，2003，19(1)：5—28.

[60] FELDNAN A. Validity and Quality in Self-Study[J]. Educational Researcher，2003，32(3)：26—28.

[61]LOUIE, B Y, DREVDAHLD J, PURDYJ M, et al. Advancing the Scholarship of Teaching through Collaborative Self-Study[J]. Journal of Higher Education, 2003, 74(2): 150—171.

[62]MUELLER A. Looking Back and Looking Forward: always becoming a teacher educator through self-study [J]. Reflective Practice: International and Multidisciplinary Perspectives, 2003, 4(1): 67—84.

[63]DINKELMAN T. Towards a Theory of Teachers Becoming Teacher Educators. Paper presented at the Annual Meeting of the American Educational Research Association (New Orleans, LA, April1-5, 2002).

[64]Jr. BULLOUGH R V, PINNEGAR S. Guidelines for Quality in Autobiographical Forms of Self-Study Research [J]. Educational Researcher, 2001, 30(3): 13—21.

[65]BEN-PERETZ M. The Impossible Role of Teacher Educators in a Changing World[J]. Journal of Teacher Education, 2001, 52: 48—56.

[66]KOSTER B, DENGERINK J. Towards a Professional Standard for Dutch Teacher Educators[J]. European Journal of Teacher Education, 2001, 24(3): 343—354.

[67]TRIGWELL K, MARTIN E, BENJAMIN, J, et al. Scholarship of Teaching: A Model[J]. Higher Education Research & Development, 2000, 19(2): 155—168.

[68]COLE A L. Teacher Educators and Teacher Education Reform: Individual Commitments, Institutional Realities[J]. Canadian Journal of Education, 1999, 24(3): 281—295.

[69]DINKELMAN T. Self-Study in Teacher Education: A Means and

Ends Tool for Promoting Reflective Teaching [C]. Paper presented at the Annual Meeting of the American Educational Research Association (Montreal, Quebec, Canada, April 24—28, 1999).

[70] ZEICHNER K. The New Scholarship in Teacher Education [J]. Educational Researcher, 1999, 28(9): 4—15.

[71] KOSTER B, WUBBELS T, KORTHAGEN F. Is There Anything Left for Us? Functions of Cooperating Teachers and Teacher Educators [J]. European Journal of Teacher Education, 1998, 21(1): 75—89.

[72] MYERSC B . The Absence of Self-Study in School-University Teacher Education Reform. Paper presented at the Annual Meeting of the American Educational Research Association (Chicago, IL, March 24—28, 1997).

[73] BULLOUGH R V , KAUCHAKD , CROW N A , et al. Professional Development Schools: Cataylsts for Teacher and School Change [J]. Teaching and Teacher Education, 1997, 13(2), 153—169.

[74] DUCHARME M, DUCHARME E . A Study of Teacher Educators: Research from the USA [J]. Journal of Education for Teaching , 1996, 22(1): 57—70.

[75] MYERSC B. The Importance of Self-Study in Teacher Education Reform and Re-Accreditation Efforts. Paper presented at the Annual Meeting of the American Educational Research Association (San Francisco, CA, April 18—22, 1995).

[76] SCHILLER M, STREITMATTER J. A Self-Study of Teaching Practices: Are We Practicing What We Preach? Paper presented at the Annual Meeting of the American Educational Research Association

(San Francisco, LA, April 4—8, 1994).

[77] TAMIR P. Professional and Personal Knowledge of Teachers and Teacher Educators[J]. Teaching and Teacher Education, 1991, 7(3): 263—268.

[78] SHULMAN L. Knowledge and Teaching: Foundations of the New Reform[J]. Harvard Educational Review, 1987, 57(1): 1—21.

[79] WISNIEWSKIR. The Ideal Professor of Education[J]. Phi Delta Kappan, 1986, 68(4): 288—292.

[80] TROYER M B. A Synthesis of Research on the Characteristics of Teacher Educators[J]. Journal of Teacher Education, 1986, (37): 6—11.

[81] DUCHARME E R. Teacher Educators: What Do We Know? [J]. ERIC Digest 15. ERIC Clearinghouse on Teacher Education Washington DC, 1986.

[82] DUCHARME E R, AGNE R M. The Educational Professoriate: A Research Based Perspective[J]. Journal of Teacher Education, 1982, 33(6): 30—36.

附录A：推荐阅读自我研究书目

[1] HAMILTON M L，et al. Reconceptualizing Teaching Practice：Self-Study in Teacher Education [M]. London：Falmer Press，1998.

[2] LOUGHRANJ J，et al. The International Handbook of Self-Study of Teaching and Teacher Education Practices (2 Volumes) [M]. Dordrecht：Kluwer Academic Publishers，2004.

[3] LOUGHRAN J J. Developing a Pedagogy of Teacher Education [M]. London：Routledge，2006.

[4] BRANDENBURGR. Powerful Pedagogy：Self-Study of a Teacher Educator's Practice[M]. Dordrrecht：Springer，2008.

[5] PINNEGAR S，HAMILTON M L. Self-study of Practice as a Genre of Qualitative Research Theory，Methodology and Practice [M]. Dordrecht，New York：Springer Netherlands，2009.

[6] FITZGERALD L，HESTON M，TIDWELL D. Research Methods for the Self-study of Practice [M]. Dordrecht：Springer Netherlands，2009.

[7]BERRY A. Tensions in Teaching about Teaching：Understanding Practice as a Teacher Educator[M]. Dordrecht：Springer，2007.

[8]RUSSELL T，LOUGHRAN J J. Enacting a Pedagogy of Teacher Education：Values，Relationships and Practices [M]. London：Routledge Falmer，2007.

[9]SAMARAS A. Self-study of Teaching Practices[M]. New York：Peter Lang，2006.

[10]KOSNICK C，BECK C，FREESE A，etal. Making a Difference in Teacher Education through Self-Study：Studies of Personal，Professional， and Program Renewal [M]. Dordrecht：Springer，2006.

[11]HOBANG F. The Missing Links in Teacher Education Design：Developing a Multi-linked Conceptual Framework [M]. Dordrecht：Springer，2005.

[12]KORGHAGENF A J，KESSELS J，KOSTER B，et al. Linking practice and theory：The Pedagogy of Realistic Teacher Education [M]. Malhwah，New Jersey：Lawrence Erlbaum Associates，Publishers，2001.

[13] LOUGHRAN J，RUSSELL T. Teaching about Teaching：Purpose，Passion and Pedagogy in Teacher Education [M]. London：Falmer Press，1997.

[14]LOUGHRAN J J. Developing Reflective Practice：Learning about Teaching and Learning through Modelling[M]. London：Falmer Press，1996.

[15]LOUGHRAN J J，NORTHFIELD J R. Opening the Classroom

Door：Teacher，Researcher，Learner [M]. London：Falmer Press，1996.

[16]KORTHAGENF A J，KESSELS J. Linking Theory and Practice：Changing the Pedagogy of Teacher Education [J]. Educational Researcher，1999，28(4)：4—17.

[17]BULLOUGHR V J，PINNEGAR S. Guidelines for Quality in Autobiographical forms of Self-Study Research [J]. Educational Researcher ，2001，30(3)：13—21.

[18]CLARKE A，ERICKSON G. Self-study：The Fifth Commonplace [J]. Australian Journal of Education，2004，48(2)：199—211.

[19]CRAIG C J. JDSEPH S. Self-Study of Teaching and Teacher Education Practices Proponent? A Personal Perspective [J]. Teaching and Teacher Education：An International Journal of Research and Studies，2008，24(8)：1993—2001.

[20]FELDMAN A. Validity and Quality in Self-Study[J]. Educational Researcher，2003，32(3)：26—28.

[21]ZEICHNER K. The New Scholarship in Teacher Education[J]. Educational Researcher，1999，28(9)：4—15.

附录 B：历届自我研究国际会议信息一览表

届次	会议时间	会议主题	会议负责人
第一届	1996 年	在教师教育中赋权我们的未来	Richards & Russell
第二届	1998 年	共同体中的对话	Cole & Finley
第三届	2000 年	探索教师教育中的神话和传奇	Loughran &Russell
第四届	2002 年	通过自我研究在创造教师教育中创造不同	Kosnik, Freese, & Samaras
第五届	2004 年	希望的旅程：在一个多样化世界中的自我研究冒险之旅	Tidwell, Fitzgerald, & Heston
第六届	2006 年	十周年城堡会议 合作和共同体：通过自我研究推动边界	Fitzgerald, Heston, & Tidwell
第七届	2008 年	教师教育的变革之路：对话、多样性和自我研究	Heston, Tidwell, East, & Fitzgerald
第八届	2010 年	航行于公共和私人之间：探索教师教育的多样化图景	Lynnette Erickson, Stefinee Pinnegar, Janet Young

续表

届次	会议时间	会议主题	会议负责人
第九届	2012 年	拓展探究社区：通过自我研究启发教师教育	Young，J. R.，Erickson，L. B.，& Pinnegar，S.
第十届	2014 年	不断变化的实践适应不断变化的时代：自我研究的过去、现在和未来可能性	Garbett，D.，& Ovens，A.
第十一届	2016 年	自我研究作为专业调查的方法论	Garbett，D.，& Ovens，A.
第十二届	2018 年	推动边界和跨越边界：作为研究手段的自我研究	Garbett，D.，& Ovens，A.
地点：英国东萨塞克斯郡的赫斯特蒙索城堡（Herstmonceux Castle，East Sussex，England）			

附录C："教学和教师教育实践自我研究"丛书简介

第一卷《教师教育设计中缺失的联结》①。作为教师教育实践自我研究丛书的开启之作，作者 Hoban 提供了对教师教育项目至关重要的"什么""怎样"和"为什么"的概念化，提出"缺少联结"（The Missing Links）的思想，并在书中思考了四个关键联结，包括跨越大学课程的概念联结（conceptual links across the university curriculum）、中小学和大学背景间的理论—实践联结（theory-practice links between school and university settings）、计划参与者间的社会—文化联结（social-cultural links amongst the participants）和塑造教师教育者身份的个人联结（personal links that shape the identity of teacher educators）。通过强调这些联结而非关注某一独立要素，才能最好地研究教学动力学。他认为，总体而言，教师教育设计缺乏这些联结。

第二卷《通过自我研究在教师教育中创造不同：研究个人的、专

---

① HOBAN G. *The Missing Links in Teacher Education Design*. Dordrecht: Springer Netherlands, 2005.

业的和项目更新》①。该书描述了忠诚并富有创造性的教师教育者们为改进教师教育项目而做的系统努力，以及他们中的很多人克服典型障碍后而取得的个体成就（部分是他们工作的计划）。这些个体都在其学生、同事和很多课堂教师的生活中创造了差异。本书研究了15个不同的教师教育计划，并描述了个体更新的努力，既有成功也有挑战，内容丰富，令人鼓舞。在这个讲究绩效的时代，这些教师教育者们已经使用了一系列研究方法收集其工作的资料并使用它指导未来、做出决定。该书的作者们一致坚持“言行一致”（walking the talk）。

第三卷《教师学习和发展：镜子迷宫》②。该书合成了来自当前被国际认可的学者和实践者的实践和研究发展，为教师教育、发展和专业学习提供理论和实践知识。本书各部分包括：学习关系的地位和作用、凸显的困境和挑战、教师教育自我研究的过程。书中自我研究作者们强调教师教育经验中的复杂性、挑战性、斗争性等这些预示着未来的研究会呈现激动人心的发展。

第四卷《一个教师教育团体中的集体即兴创作》③。该书深度探查了英属哥伦比亚大学（UBC）教师教育者们发起的CITE项目（A Community of Inquiry in Teacher Education）。该项目已致力于从研究教师范生获得教学技能的经验转向集中性向培养，将大学本位课程要素和学校实习科目经验整合起来，伴有团体本位的活动，并采用多种教学策略和技术本位的工具创建一系列“知识建设共同体”

---

① KOSNIK C，BECK C，FREESE A，et al. *Making A Difference Teacher Education through Self-Study*. Dordrecht：Springer Netherlands，2005.

② AUBUSSON P，SCHUCK S. *Teacher Learning and Development*：*The Mirror Maze*. Dordrecht：Springer Netherlands，2006.

③ DARLING L F，ERICKSON G，CLARKEA. *Collective Improvisation in a Teacher Education Community*. Dordrecht：Springer Netherlands，2007.

(knowledge building communities)。

该书还阐明这些教师教育者们在教师教育实践和研究教师范生方面要履行的义务和关注的水平。该书以时间为序展示了他们的实验、思考和经验中的教训，是集体的即兴创作，代表了大学教师、学校合作者、毕业生和本科生研究者的观点，每个人都为整体创作贡献了不同的有价值的声音。该书最重要的成功之处大概在于正在进行的合作、支持和内在于这些教师教育者们的工作和一起学习方式之中的责任感——这是一个重要的、但很少被一向寻求解释教师教育应当做什么或者必须产生哪些结果的人提出的论题。该书可以被视为一个机构自我研究的案例（Loughran，2005）。

第五卷《教教学中的张力。一个教师教育者理解的实践》①：该书捕捉了教师教育实践自我研究中存在的兴奋与困难，将其置于接近实践者探究的最前面。经过一年在其生物学方法课堂中的自我研究，作者采用独特视角洞察从中浮现出来的教教学和学教学间的关系，并将来自研究的教师教育知识的本质概念化作为一系列影响教师教育者学习实践的张力，解释这些张力思想能够成为一个分析实践和清晰表达包含一种教师教育学的专业知识的重要手段。

Ken Zeichner 教授评价此书说，Amanda Berry 提供了一个综合的、作为生物学教师教育者的实践的自我研究，清晰把握了支持一种实践中的教师教育学的难题和思想，在分析其数据的基础上架构了教学张力。该书不仅有趣、见解深刻，而且为使用自我研究提供了榜样。这是一本杰出的著作，会对其他教师教育者们具有相当大的影响和价值。

---

① BERRY A. *Tensions in Teaching about Teaching*: *Understanding Practice as a Teacher Educator*. Dordrecht: Springer, 2008.

第六卷《强有力的教育学：一个教师教育者的自我研究》①。作者坚持自我研究的原则并将其严格应用到自己的工作中，很好地解释了置疑被人认为理所当然的假设如何能够通过引人注目的方式有力地洞察教学、学习和教师教育实践，进而重塑教师教育本质。并详细讨论自己的工作是为了开发新的揭示有效知识并与他人分享的方式。总编辑 John Loughran 认为，该书也是对《自我教学和教师教育实践研究国际手册》（Loughran et al. ，2004）的补充，是又一个在领域中展现研究的多样性和巧妙解释自我研究复杂本质的例子。②

第七卷《寻求教师教育中的整合》③。一位教师教育者探讨了自己的实践，并将其作为一种学习教学和挑战教师教育的方式，讨论了她如何寻求使师范生实现转型，同时挑战自己关于如何做得更好的信念。该书提供了一个独特视角，使人观察认识教师教育者如何教准教师们检验身份对教学的影响，同时也检验了教师教育者自己的身份对教学的影响。

第八卷《作为一种质性研究类型的实践自我研究：理论、方法论和实践》④。通过回顾 AERA 和 Castle Conference 等会议集中关注自我研究学者所做的研究，采用多种方式将诸多对自我研究的理解和实践的认识、经验结合在一起，力求为那些研究者和对此项工作感兴趣

---

① BRANDENBURG R. *Powerful Pedagogy*: *Self-Study of a Teacher Educator's Practice*. Germany: Springer Netherlands, 2008.

② BRANDENBURG R. *Powerful Pedagogy*: *Self-Study of a Teacher Educator's Practice*. Germany: Springer Netherlands, 2008, ix.

③ SCHULTE, A K. *Seeking Integrity in Teacher Education*. New York: Springer Netherlands, 2009.

④ PINNEGAR S, HAMILTON M L. *Self-study of Practice as a Genre of Qualitative Research Theory*, *Methodology*, *and Practice*. Dordrecht, New York: Springer Netherlands, 2009.

的实践者明晰自我研究方法论。该书突出理论—经验—实践间的强烈的内在联系，每章都具有明确的线索，先介绍了围绕组织文本的问题出发，然后建立联系，引用诸多学者观点强调每章的重点观点，并提供对引文的简要讨论和解释以及思考的可能性。还总结了系列活动，旨在深化理解对话、自我研究的特点和实践中的、实践的以及为了实践的知识，为了解自我研究方法论提供有用的理论和实践指导。

第九卷《实践自我研究的研究方法》①。该书包含 13 项研究，真实具体地解释了自然发生在不同教育背景下的自我研究。每章深入描述了情境、方法的选择、使用自我研究方法的研究过程，并强调研究者们共同分析和解释数据。所有这些展示了自我研究能够而且必须超越个体，影响其他教师教育者和更普遍地影响教师教育项目，并关注了可信性（trustworthiness），为人们研究时选择方法提供了有效参考。

第十卷《通过自我研究方法论促进社会科学教育：自我研究在社会科学教育中的力量、前景和应用》②。强调了教学和教师教育自我研究能够促进社会科学教育中的对话和知识的方式。所含章节清晰探讨了自我研究对社会科学教育和教师教育者的力量，并增加新的实现在自我研究和社会科学教育两个团体中对话的维度，实现二者的相互促进。

---

① FITZGERALD L, HESTON M, TIDWELL D. *Research Methods for the Self-study of Practice*. Dordrecht: Springer Netherlands, 2009.

② CROWE A R. *Advancing Social Studies Education through Self-Study Methodology: The Power, Promise and Use of Self-Study in Social Studies Education*. New York: Springer, 2010.

附录 D：推荐质性研究方法阅读书籍

[1] 陈向明. 质的研究方法与社会科学研究 [M]. 北京：教育科学出版社，2000.

[2] 陈向明. 如何成为质的研究者：质的研究方法的教与学 [M]. 北京：教育科学出版社，2004.

[3] 陈向明. 在行动中学作质的研究 [M]. 北京：教育科学出版社，2003.

[4] 陈向明. 在参与中学习与行动：参与式方法培训指南 [M]. 北京：教育科学出版社，2003.

[5] 陈向明. 教师如何作质的研究 [M]. 北京：教育科学出版社，2001.

[6] 迈尔斯. 质性资料的分析：方法与实践 [M]. 重庆：重庆大学出版社，2008.

[7] 诺曼·K. 邓津，伊冯娜·S. 林肯主编. 定性研究（四卷本）[M]. 风笑天译. 重庆：重庆大学出版社，2007.

[8] 约翰·W. 克雷斯威尔. 研究设计与写作指导：定性、定量与混合研究的路径 [M]. 崔延强译. 重庆：重庆大学出版社，2007.

［9］劳伦斯·纽曼．社会研究方法：定性和定量的取向［M］．郝大海译．北京：中国人民大学出版社，2007.

［10］阿琳·芬克．调查研究实操指导［M］．齐心译．重庆：重庆大学出版社，2016.

［11］哈里·沃尔科特．质性研究写起来［M］．李政贤译．重庆：重庆大学出版社，2017.

［12］约瑟夫·A．互动取向的质性研究设计［M］．朱光明译．重庆：重庆大学出版社，2020.

［13］李琳琳．从生活到理论：质性研究写作成文［M］．上海：华东师范大学出版社，2020.

［14］约翰尼·萨尔达尼亚．质性研究编码手册［M］．刘颖译．重庆：重庆大学出版社，2021.

［15］赵希斌．好懂好用的教育研究方法［M］．上海：华东师范大学出版社，2021.